ブックレット　近代文化研究叢書　11

雑誌『生活』の六〇年

―佐藤新興生活館から日本生活協会へ―

松　田　忍

目次

はじめに

雑誌『生活』は一九三五年一〇月に創刊され、一九九四年三月に休刊されるまでの五九年六ヵ月にわたって刊行された月刊誌である。創刊時のタイトルは『新興生活』であり、一九三八年四月に『生活』と改題されている。現在山の上ホテルとなっている場所（東京都千代田区神田駿河台一ノ一）に存在した新興生活運動の拠点、佐藤新興生活館（佐藤慶太郎らによって創立された。のちに、大日本生活協会、日本生活協会と改称。第一章に詳述。）が刊行した機関誌であった。

本書はこの雑誌『生活』を通読し、新興生活運動および佐藤新興生活館の活動の変遷を分析することを目的とする。分析にあたっては、同誌が主張する運動に対する読者層の反応にも留意したい。

佐藤新興生活館が立ち上げた新興生活運動は、一九二〇年代から戦時期をはさんで戦後に展開した、生活を見直そうとするエネルギーを集約することで立ち上がった生活運動に連なると考えられる。こうした生活運動に共通する特徴としては以下の点が挙げられるだろう。

一、物心両面の改革が目指されたこと。具体的な生活の次元で合理性を追求するとともに、合理性を希求する精神を人々に対して要求する運動として、生活運動は展開した。

二、社会において人々を結ぶ諸関係の改善も運動の目標に含まれたこと。たとえば家庭内（家長と家族、嫁姑間、夫婦間）における「封建性」の打破や、村落における旧慣の打破が目指された。

市田（岩田）知子氏が生活改善普及事業の研究に着手した際には、「「生活改善と言えばかまどの改善、そのかまどの改善の時代も終わった」というくらいの評価しか下してこなかった」状況、あるいは「もっぱら都市的な生活様式を基準にして農家の生活を「改善」しようとしてきた」といった「ある種のステレオタイプ化されたイメージ」を丹念にくつがえすところから研究を始めねばならなかった[1]のだが、その後二〇年を経て、生活運動に関する研究も相当の蓄積をみてきている[2]。

こうした研究は、一九二〇年に設立された生活改善同盟会、一九四八年に開始された生活改善普及事業および地域の運動、戦後の新生活運動など、それぞれの運動の展開に即した形で進められた。

さらに二〇一〇年代になり、二冊の共同研究成果が公開された。両書に共通する方向性はこうした生活運動を総体として把握することを目指したことであるように思われる。ただしそのアプローチは相当に異なる。

田中宣一氏は『暮らしの革命　戦後農村の生活改善事業と新生活運動』（農山漁村文化協会、二〇一一年）において、生活改善運動を「物心両面における国民生活の改善を意図推進しようとする政府および政府関係機関の施策と、それに啓発された自治体および地域や家々、さらには諸団体が、自らの生活の改善向上をめざす創意と努力である」と定義し、「生活改善普及事業と新生活運動を中心に、保健所の活動や公民館活動、ならびに地域や諸団体のもろもろの幅広い活動を、生活改善諸活動と総括」した[3]。

田中氏の基本的なアイデアは、たとえ生活改善同盟会の提示する生活像が実態とかけ離れた「多分に観念的」な内容を含んでいたとしても「当たりまえと思われていた在来の生活にひそむ弱点を指摘して、心ある人びとのあいだに改善の機運を醸成する」「意識面への効果」があり、また戦後展開した生活改善普及事業や新生活運動が名称は異なれども、地域の側では同じ生活改善として捉えられ、「「官」の意図はそれとして、「民」の側では自らに引き寄せて理解し、受容し、あるいは反発もしたという考え方である[4]。生活の現場における「活動」から、生活改善運動を把握していくこうした試みは今後も継続していかねばならないだろう。

他方、大門正克編『新生活運動と日本の戦後』（日本経済評論社、二〇一二年）では、生活が運動として立ち上がる政治的、社会的、経済的な環境を分析することで、生活運動の総体把握を目指した。「(a)生活運動の政治的意図（政治と生活）」「(b)運動としての生活（生活と運動）」「(c)生活実践（生活の実践）」の三つのレベルの視点を設定し、それらの相互関連を分析して生活運動の歴史的意味にせまった[5]。

敗戦から一九七〇年代までの新生活運動を分析した同書では、敗戦、独立、自主外交そして高度成長といった国際環境、経済状況の変化のたびに、新しい生活をつくりあげねばならないというエネルギーが生じ、そのエネルギーを「真の民主主義」や「社会的連帯」へと結びつける試みとして、新生活運動や生活学校運動が組織されていくことが論じられた。生活が運動として立ち上がる要件を問うた同書の研究は、戦後新生活運動の全容を明らかにするうえで一定の成果があったと考えられ、戦後政治史に新生活運動を位置づける役割を果たした。

具体的な分析は新生活運動協会を中心とする運動にとどまっているのであるが、三つのレベルの視点から考えるという同書の研究視角は、生活運動分析の方法に示唆を与えたといえるのではないか。同書の研究を踏まえ、生活運動に共通する特徴として、次の点もつけ加えたい。

三、生活は、しばしば民族や国家を構成する基礎単位とみなされたこと。人々が抱く自分たちの生活をより良くしたいという思いと、生活改善こそが民族の自立や国家の独立を実現する鍵となると考える政治的意図がお互いに力を与えあい、生活改善を目指す動きが運動となった[6]。

しかし、課題も残されている。すなわち、戦後期に分析の軸をすえたため、生活運動の戦前・戦時・戦後の連続性あるいは断絶にかかる論点、戦後新生活運動が大政翼賛会の否定から始まることの歴史的な位置づけは充分に深めることができていない。生活改善普及事業においても、婦人会などの既存組織を用いることは「国防婦人会のやうになる」危険性をはらんでいるとして、大森松代が危惧したことが指摘されており[7]、生活運動の「戦時」と「戦後の総括」についてはさらに研究を進めていく必要があろう。

戦前から戦後にかけての長期間、刊行が続けられた雑誌『生活』を分析することは、こうした論点を補う補助線となるであろう。戦前期に新興生活運動を開始した佐藤新興生活館が戦時期にいかに変容し、そして戦後の活動を展開していくのかをみることで、日本近現代における生活運動イメージをさらに豊かにできることができるのではないだろうか。

佐藤新興生活館および『生活』に関するまとまった先行研究は、現在のところ存在しないため、佐藤新興生活館の活動にとって重要であると考えられる史料は積極的に全文引用・紹介し、基礎研究として運動の全体像を見渡せるような記述になるよう意識して論じる。

なお本書を記すにあたっては、国会図書館を始めとする各種図書館の利用、古書店での購入、雑誌編集にあたった人物のご遺族への聞き取り調査などをおこない、『生活』の収集・復元につとめたが、一九三八年四月から一二月の九ヵ月、一九四二年九月、一〇月、一二月の三ヵ月、一九四三年の七月、八月、九月、一一月、一二月の五ヵ月、一九四四年一月から四月、六月、九月の六ヵ月、一九四五年二月から八月の七ヵ月の計三〇ヵ月分については入手もしくは閲覧することができなかった[8]。

また史料引用にあたっては、必要に応じて句読点を付し、適宜旧字体を新字体に改め、ルビは取捨選択した。

1　市田（岩田）知子「生活改善普及事業の理念と展開」（『農業総合研究』四九巻二号、一九九五年）。

2　生活運動が歴史研究の対象として取り上げられたのは一九八〇年代からであった。久保加津代・秋山晴子「一九二一年から一九三四年の『婦人之友』誌掲載住宅プラン」（『家政学研究』二八巻二号、一九八二年）において、住宅改善の視点から研究がなされた。

一九九〇年代以降、研究の対象が戦後まで拡大するとともに、生活改善運動グループの活動実態（天野寛子「戦後の農家の生活改善について：上新切生活改善グループの調査から」（『昭和女子大学女性文化研究所紀要』一五号、一九九五年）、庄司俊作「戦後山間地における生活改善運動と農村女性の自立　京都府美山町の「高度成長」と生活改善実行グループ」（『社会科学』五六号、一九九六年））、運動の中での女性や家族の役割の変化、運動組織（小山静子「生活改善問題と女性」（『女性学年報』一七号、一九九六年）、市田（岩田）知子「戦後改革期と農村女性—山口県における生活改善普及事業の展開を手懸かりに」（『村落社会研究』八巻一号、二〇〇一年）、弓山達也「農村における生活改善運動の諸問題」（『国学院大学日本文化研究所紀要』六九号、一九九二年）。野依智子「安全運動における炭鉱資本の教化活動の展開—炭鉱主婦会による生活改善活動を中心に」（『日本社会教育学会紀要』三九号、二〇〇三年）、中川清「生活改善言説の特徴とその変容—生活改善同盟会の改善事項を中心に—」（『社会科学』第四二巻第一号、二〇一二年）など）、生活改善事例の開発経済学への応用（水野正己「戦後日本の農村社会開発における生活改善」（『開発学研究』一四巻一号、二〇〇三年））といった論点が深められ、生活運動分析は大きく進展した。

また近年は久井英輔氏が生活改善同盟会の研究を次々に発表して

いるのが注目される（久井英輔「戦前の生活改善運動における「知識」と「実行」―生活改善同盟会／中央会の性格とその変容に関する一考察」（『日本社会教育学会紀要』四二号、二〇〇六年）、同「昭和前期における生活改善中央会の組織と事業」（『兵庫教育大学研究紀要』三一号、二〇〇七年）、同「大正期の生活改善同盟会における「社会教育」の位置づけ：生活改善運動における対象の「下方拡大」をめぐって」（『広島大学大学院教育学研究科紀要　第三部　教育人間科学関連領域』六三号、二〇一四年）など）。

3　田中宣一「第一章　生活改善事業と新生活運動」（田中宣一編『暮らしの革命　戦後農村の生活改善事業と新生活運動』農山漁村文化協会、二〇一一年）一一頁。

4　田中宣一「自編著研究紹介　生活改善諸活動を考える」（『生活文化史』第六五号、二〇一四年）。

5　大門正克「序章　問題の所在と本書の視点・課題」（大門正克編『新生活運動と日本の戦後―敗戦から一九七〇年代』（日本経済評論社、二〇一二年）。

6　念のため付言すれば、田中編書と大門編書の基本的な視角の差異は、生活改善の動きを「生活改善諸活動」と表記するのか、「運動」と表記するのかの違いにも色濃く現れていると思われる。田中編書が問題にしたのは、政府および政府関係機関の施策に触発された地域や団体の具体的な「活動」であり、「活動」の次元での生活改善の総体把握を目指したのだといえる。それに対し、生活が運動化する局面で生活改善の動向を把握する、大門編書の視角を、本書では意識しつつ論じたい。

7　中間由紀子・内田和義「生活改善普及事業の理念と実態―山口県を事例に―」（『農林業問題研究』四六巻一号、二〇一〇年、一―一三頁）。

8　月によっては欠号となり、翌月合併号が刊行される場合もあるため、この三〇ヵ月に刊行された『生活』の冊数は判然としない。

第一章　佐藤新興生活館の設立と初期の活動

―一九三五～一九三九―

第一節　佐藤新興生活館の設立

（1）『新興生活』の創刊

一九三五年三月一日、佐藤慶太郎の出資のもと[1]、山下信義、岸田軒造[2]を中心として佐藤新興生活館が創立され、同年一〇月八日に財団法人となった[3]。当初仮事務所が丸ビル内に設けられたが、間もなく佐藤新興生活館は、三菱合資総理事串田万蔵から購入した[4]神田区駿河台一ノ一の土地に着工、一九三七年一〇月三〇日落成した。すなわち、のちに山の上ホテルとなる建物であり、一般に佐藤新興生活館として知られているが、建設当時は「生活館」「新興生活館」とも呼ばれており、創立二〇周年記念として一九五五年一〇月に発行された『生活』掲載の「日本生活協会略譜」にも単に「会館の竣工」とのみ記載されている。一九四一年四月に元来法人名であった佐藤新興生活館を大日本生活協会と改称した際に、会館名は正式に佐藤生活館と称されるようになる。その後、法人名は一九四六年八月に日本生活協会と改称されている。

以後、本書において、法人にふれる際には、一九四一年以前においては「生活館」、以降においては「協会」とし、建造物としての会館を指す場合には「佐藤生活館」とする。

生活館の事業の中心となったのが、機関誌の発行であった。一九三五年一〇月の『新興生活』創刊当初の様子を、創刊時に編集にあたった加藤善徳が二〇年後に次のように回顧する[5]。

> 佐藤新興生活館が生れて七カ月後、始めて機関誌「新興生活」がうぶ声をあげた。当時としては珍しい菊倍判、グラビア紙を用いた表紙共二十頁。八ポ六段組、一部五銭、年六十銭という定価であつた。創刊号はたしか一万部刷り、瞬く間に品切れとなつて五千部を増刷したように記憶している。発送名簿は役職員の持ちよつたものに、それまで山下理事が田沢義鋪氏と共に十数年発行してきた「大成」の読者七千五百名ばかりが基本になつた。第三号、即ち昭和十年十二月までで寄贈を中止し、第四号からは直接購読者にのみ送ることになつたが、「新興生活」の二年六カ月と、「生活」に改題してから一年四カ月、合計三年十カ月の私の編集期間、読者は六千五百名に落着いていた。

当時の記事にも[6]、「申訳ないのは、創刊号が不足して増刷したにも拘らず、それも申込殺到のため数日にして無くなり、其後の創刊号切望の方には何とも応じ得ない」と加藤の回顧を裏付ける記載がある。

『新興生活』年間購読者は新興生活同人と呼ばれ、年額六〇銭を前納する同人Aは『新興生活』を、年額二円を前納する同人Bには『新興生活』『新興生活叢書』を、さらに年額一〇円以上を前納する同人Cにはそれらに加えて臨時刊行の単行本を送付されることとなった[7]。また販売促進の意図を込めてであろうが、同人Bの申込が多いことが誌面で報告されている[8]。

運動の広がりという点では「現在のところ申込のトップは断

然農村部の所在地、静岡県である。さすがは山下理事多年奮闘の地であり、また浜田理事が学務部長として、全県下の若人の友として、精励されたそのみのりでもあらう」[9]とある点が注目される。

山下信義の略歴を紹介する。山下は一八八〇年に山梨県に生まれ、京都帝国大学法科大学卒業後、一九〇七年、伊豆の伊東で農業に従事、農村塾を開き、農村青年の指導にあたった人物である。一九二四年に田沢義鋪とともに新政社を創立、雑誌『新政』『大成』を発行したことでも知られる。その間、一九一三年、蓮沼門三修養団主幹が伊東の農村塾にたずねて以来、修養団への協力を約し、講習・講演をおこなっている。キリスト教の平民伝道者でもある。一九四九年に没した[10]。こうした山下の活動をベースに新興生活運動ははじめられたことが確認できる。

また同人の性別については、同人申込の九八パーセントが男子であり、「家庭生活、生活全般の問題をひつさげて居るこの運動に、婦人が少いのは、甚だ心細い」「我等の運動は女性の協同なくしては無意味である」[11]と憂えられていた。一九三六年二月号では、「全国各府県残らずに同人を獲得した」ことが報じられている[12]が、やはり女性同人の獲得には苦労している。

> どうか全国の同人各位の協力によつて、全日本の女性の指導層に、特に女学校、小学校の先生方に、おすゝめを願ひたい。
>
> 女子青年団員には、目下のところ少々程度が高すぎると思はれるが、三月号からは特に注意して編輯に当るつもりであるから、精々御紹介を願ひたい。

女性、特に「指導層」への普及を要請していることが注目される。一九三六年五月には「生活相談」と題するコラムが開始され、「婚期を逸した中農家の娘」「嫌な結婚を強いられて悩む娘」[13]、「曾て喀血したゝめ縁談に恵まれぬ娘」「リウマチスに悩む娘の嫁ぎ先き」[14]など結婚に関するテーマで若い女性読者を引きつける工夫はみられる。

（2）岸田軒造『汗愛主義に立てる　ほんとうの暮し方』

佐藤が新興生活運動に関与するきっかけとなったのが、山下が佐藤に岸田軒造著『汗愛主義に立てる　ほんとうの暮し方』[15]を紹介し、佐藤が感銘を受けたことにあったとされる[16]。

『汗愛主義に立てる　ほんとうの暮し方』は「物と時との無駄を徹底的に廃除し、精神と身体を無限に向上して行く為めに、我等は何を行ふべきか」[17]を研究することを目的とし、「吾等が行ふべき事柄として、我同志が多年主張して来た実行事項を、全部書き上げ」る形で書かれた。

そのリストを表1－1にまとめた。リストは、誰もが実行することが可能であり、一日も早く到達すべき目標である「第一標準生活」、「出来るならば此処までに進みたいと云ふ我等の理想」として「第二標準生活」が掲げられた。そして「以上の事柄の実行の基礎となるべき」「基礎信念」がそえられている。

各項目は、個人、家庭、社会生活の積み上げで構成されている。特に、個人と社会生活を結ぶ家庭については、新興生活運動では強い関心がもたれ、岸田自身も『温き家庭の建設』、『決戦下の家庭生活』、『新民法と家庭生活』[18]を執筆している。

表1－1　岸田軒造『汗愛主義に立てる　ほんとうの暮し方』章立て

第一標準生活	個人として実行すべき事項	健康に就て	朝夕の体操、皮膚の鍛錬、節食、咀嚼完全、糖分節制・寝前含嗽、禁酒禁煙
		智能に就て	毎日読書、一人一研究
		徳性に就て	早起、毎日聖典閲読、小言を云はぬ事、慈眼愛語、礼儀作法尊重、毎日日記記載、寝前感謝黙祷
	家庭として実行すべき事項	食事に就て	玄米常食及混食、菜食主義、炊焚調理法の改善、全家族食事均等
		衣服に就て	衣服の実用化、綿入服の廃止、洗濯法の改善
		住宅及家計に就て	住宅内外の整頓装飾、予算生活、家庭経済の心得
		家風に就て	家族一斉起床、家族一斉体操美化作業、家庭朝礼、家庭作法尊重、子供の躾け方改善、克己デー設定、四大節家庭祝賀、家族日課表及年中行事表作製
	社会生活上実行すべき事項	時間に就て	定時励行、事務訪問時間短縮
		社交儀礼に就て	社交簡素、贈答の節減、宴会の改善、婚礼の改善、葬儀の改善
		同胞親和に就て	部落差別撤廃、朝鮮同胞との親交、外国人に対する親愛、公衆作法尊重、社会奉仕
第二標準生活	個人として実行すべき事項	腹力の鍛錬、一分時を最高能率に用ふ事、一銭を最高価値に用ふ事、私欲放棄、総ての人に感謝する事、総ての物に感謝する事、総ての事を感謝する事、絶えず祈る事	
	家庭として実行すべき事項	家政方針の確立・主要家事の完成、最低生活の実行、家産財団公益財団事業財団の確立、住宅の改善、台所の改善、家庭向上会の開催	
	社会生活上実行すべき事項	共同農作、産業組合及消費組合の振興、救貧事業支援	
基礎信念	個人生活に関する事項	目標の確立、使命の自覚、『天才努力也』の信念、奮闘の妙味体得、罪の自覚、永生の信念	
	家庭生活に関する事項	結婚神意の信念、財産神有の信念	
	社会生活に関する事項	四海同胞観、献身没我の精神、神国日本の信念、日本の使命自覚	

備考：岸田軒造『汗愛主義に立てる　ほんとうの暮し方』（修養団代理部・修養団関西聯盟代理部発表、1932年）1－5頁より松田作成。

本書の特徴を挙げると節制の美徳ということになろうか。「富裕な人が多くの無駄をするが為に、必要な人に物が与へられず、食へないで困る人が沢山出来、国家が経済難に陥って居る」という現状認識に立ち、「一、消極的に無駄廃除　二、積極的に心身の向上」を生活改善の二大眼目とする岸田[19]には、「消費こそが美徳」という意味におけるモダニティ・パラダイム[20]の発想は全くみえない。

ただし本書にも近代の陰は色濃く影を落としている。「序文」において、宮田修は「近代文明の勢ひに駈られて盲目的に繁文縟礼となり」[21]と記し、山下もまた「日本とのみ言はず、世界を挙げて人類は生活難に悩んで居る」[22]としている。

また「無駄廃除」があくまでも「消極的に」主張されていることに留意するべきだろう。

「天より神が生命を与へ使命を賦与して此世に置き給ふた」一切の物の「天寿を全うせしめ使命を果さし

める事」が「天物謝恩」の精神に適い、「物の浪費は神への反逆なり」。また、「時間の空費は、天より与へられた人間一生の生命の一部を殺すこと」であり、「生命の掠奪なり」[23]とする岸田にとっては、生活における合理性の追究こそが目指すべき目的となった。岸田軒造も山下信義もクリスチャンではあるが、この場合の「天」「神」は必ずしもキリスト教のそれを指さない。たとえば表1-1中の「毎日聖典閲読」についても岸田の家では「家族全部揃つて、聖書を一章宛朗読することにして」いるとされながらも、読むものは「聖人の言」であれば何でも良いとも併記され、『道の光』や『心の光』が例として挙げられている[24]。

以上、本節では、新興生活運動が佐藤慶太郎の出資のもと、岸田軒造が有していた生活改善の構想と山下信義がおこなってきた活動基盤をベースにして立ち上がった運動であると評価できる。そして生活館自体は、各所で指導的立場にある女性層への運動の広がりを期待したが、この時点では実現せず、課題として挙げられるにとどまった。

第二節　新興生活運動開始時における世界観

(1) 新興生活宣言と新興生活綱領

本節では雑誌『新興生活』がいかなる世界観と思想的背景のもとに創刊されたのかについて考える。まず創刊号冒頭に掲載された「新興生活宣言」を確認する。

新興生活宣言

現下社会の情勢を顧るに、災禍頻発、悲惨事続出、貧者貧に泣き、富者富に苦しみ、人は人と争ひ、国と国また穏かならず。百の施設も千の方策も、更に効なき状態である。この険悪、不安、動揺の世相を見て、誰か深憂を禁じ得やう。

これ畢竟するに、世人が人生の真意義を自覚せず、金銭至上、物質偏重に堕し、真理に反する生活を営むに因る。この誤れる生活態度を改めずして、如何に生活改善や、社会改良に努力しても、恐らくそれは徒労に帰するであらう。

生活革新の要諦は、かゝる自己中心、営利第一主義の人生観を建て直して、敢然、神中心、奉仕第一主義の霊的生活に更生するの外、他に断じて途はない。この新生命の本源から生れる愛と奉仕の生活、之こそは正に一切の苦難を克服する唯一の指導原理であり、歓喜光明の世界を建設する無二の根本動力である。

この精神基調に立ちて、一切を合理化したる新生活、之を称して『新興生活』と謂ふ。

新興生活者は、この原理に基き、生活の科学化〔一〕道徳化、芸術化、宗教化を図り、進んで之を組織化し、共同化し、社会化して、普く隣保相愛の実を挙げんとする。我等は断じて之を空理に終らしめず、飽迄も実生活に生き貫かんとするものである。

今や、我等の主張する新興生活運動こそは、方に人類の待望、時代の要求である。幸に我等は、天下の各地に幾多の同人を有する。新興生活の王国は、已に我等の左右に展開しつゝある。

同憂同感の士よ、希くは共に祖国の興隆と人類の福祉とのために、我等のこの新興生活運動に協力提携せられんことを。

（『新興生活』一九三五年一〇月、一頁）

新興生活綱領

一、新興生活は霊的更生に出発す。
一、新興生活は愛と犠牲と奉仕に生く。
一、新興生活は力を実生活の合理化に注ぐ。
一、新興生活は人と物と時とを活かす。
一、新興生活は近きより遠きに及ぼす。

（『新興生活』一九三五年一〇月、一頁）

「宣言」および「綱領」に見られる特徴は以下の四点である。

一点目は、新興生活運動の背景となる、世界情勢認識である。「宣言」において「災禍頻発、悲惨事続出、貧者貧に泣き、富者富に苦しみ、人は人と争ひ、国と国また穏かならず」という「現下社会の情勢」にあって、「人生の真意義」を自覚する必要が提唱されている。

二点目は、生活そのものではなく、生活する精神の問題が取り上げられていることである。「綱領」において「霊的更生」が第一に掲げられており、生活に相対する精神基調を整え、それに基づいて「実生活の合理化」をおこなう構成になっていることがわかるであろう。

三点目は、同志的な結合をもとにした運動拡大方針が立てられていることである。「綱領」中には「新興生活は近きより遠きに及ぼす」とある。これは、初期の新興生活運動において、同人が同人を勧誘することによって、運動の拡大を目指す方針がとられており、町村や青年団などといった既存組織の活用は考慮されていなかったことを示していると思われる。この点については、第三章で詳述する。

四点目は、人類的な視点で生活を捉えようとする視点と日本人としていかに生きるかについての問題関心が両立している点である。佐藤が記した「創刊の辞」[25]においても、新興生活で必要なのは、「一面は人類の生活態度決定に関する深き考察であり、他の一面はそれに基く我等の日常生活整調に対する実践的訓練」であり、「如何なる生活態度を把握すべきであるか、また日常生活のどの部分を、如何に整調すべきであるか、これらの問題を取上げ相《あい》、協力して、生活の再出発を試みようとするところに〔本誌〕誕生の意義と使命があります」と述べられている。「宣言」の末尾においても「祖国の興隆」と「人類の福祉」を目的とする宣言がなされている。

(2)「現下の社会情勢」に対する認識

「新興生活宣言」において、「現下社会の情勢」がいかに評価されたかについて考える。『新興生活』においては、創刊号（一九三五年一〇月）から一九三七年九月号に至るまで、武藤貞一（朝日新聞社、のち報知新聞社主幹）が「時の問題解説」を執筆し、国際政治情勢、日中間の紛争、議会情勢などについて自らの見解を述べている。ここではまず、武藤が第二次エチオピア戦争に対して下した評価を題材とし、同誌における同時代分析についてみる。

第二次エチオピア戦争は、一九三五年一〇月三日から一九三六年五月五日に至るエチオピアに対するイタリアの戦闘行動を指す。同年五月七日、イタリアはエチオピア併合宣言を発し、イタリアの勝利に終わる。エチオピアは国際連盟への提起をおこない、国連においてもイタリアを侵略国として非難したが、イタリアに対する経済制裁は融和的なものにとどまり、事実上、国際社会はイタリアの侵略行動を黙認するに至った。この黙認に対し、武藤は次のように断じている。

> エチオピアは十九世紀に残された白人侵略の残肉にしか過ぎないと書いてあるぢやないか。ムツソリニが、その食べ残りの肉をペロ〳〵舌なめずりしながら食べてるだけだ。エチオピアのために、まさか英国が義憤の師も出すまいぢやないか。鳴動しもしない泰山を鳴動さすところは、さすがにロイテル初めイギリス系世界通信網の威力だ。[26]

また、ヨーロッパ情勢の今後についても武藤は分析を加えている。

> 現今の事態が更に進めば、こゝにヨーロッパは二つの系統に立ち分れる恐れがある。英、露、仏対独、伊、墺、洪、波である。（中略）二大系統に分つても一見無意義の如くであるが、たゞこれを比較的確然と分類し得る方法が一つだけある。それは、現状維持派と現状打破派の対立といふ大きな事実だ。世界の現状を現状のまゝで、どうあつても維持して行かねばならぬ国がある一方に、世界の現状を何とか打開しなければ立つ瀬のない国とがある。第一に英国、第二に仏国、第三に米国だ。世界に大領土を抱擁するソヴエツト・ロシアも実はこの部類に属する。これに反するのは、第一に独逸、第二にイタリーである。
> 日本は？
> 日木《ママ》〔本カ〕には、是等白人国家とは自から別な進路が洋々と展かれてゐるのだ。今は黙つて見て居ればよろしい。[27]

ヨーロッパの紛争（あるいはヨーロッパ発の第二次世界大戦）に巻き込まれないことが武藤にとっての国是であった。現状維持を求めるイギリス、ロシア、フランスの陣営と現状打開を求めるドイツ、イタリア、オーストリア、ハンガリー、ポーランドの対立として、世界情勢を描く武藤はそのどちらの陣営にも日本を位置づけない。そして中国をもヨーロッパとは別の論理をもった国として描き、日中提携の可能性を描き出す。

> 満州事変以来、何物も与へて居らぬ日本と、尚ほ提携して北支問題の処理その他全面的に日支関係の調整を図らうとする処に、蔣汪政権の賢明さがあるのではないか。血は水よりも濃しといふが、流石に蔣汪両氏は日本育ちの人々であつて、いはゆる欧米派ではない。[28]

『生活』において、こうした見解は武藤にだけみられるものではない。新興生活運動の中心的人物として活動した山下信義もまた「現代文明の行方と次に来るべき生活―新興生活の真意義―」[29]と題する論考において「近代文明は西洋から発達して、世界に拡がつた文明である。この近代文明成立の思想的背景をなし、切つても切れぬ関係を有するものに、ダーウヰンの進化論とアダムスミスの国富論がある」と述べたうえで、進化論における「生存競争」「適者生存」に「弱肉強食」「優勝劣敗」を読み取り、国富論に「功利的打算利己主義」からなる勤労観をあてた。そしてそうした西洋発の文明では「高度の文明享楽の機関」が公平に分配されないため、「その文明度が高くなればなる程、ます〳〵険悪となるので」あり、「現代文明は必ず滅ぶるものである。行詰つて没落すべき運命を、今走りつゝあるものである」との認識を示している。さらに「近代文明はどう云ふ順序を辿つて行くか、そして人類は如何にして滅びるか」について詳細を知りたい読者は「我等の知友武藤貞一氏の近著「戦争」を一読されんことを望むだけである」と山下が述べていることからも山下と武藤の間に、世界観に関する共通認識があったことが確認できるだろう。

そして武藤貞一『戦争』においては、そうした世界観がより激烈なことばをもって展開されている。

いま、極東に、太平洋に、たしかに戦禍のかけらはちらばつてゐる。抜けば玉散る氷の刃、危機は目前に迫つてゐるとは云へ、避けられるものは、避けねばならぬ。避けられぬものを避けないために!

そして、この世界に渦巻き立つた世界再戦の爆発口を、何よりもその殺傷の本場であるヨーロッパへ押遣らねばならない。戦争の危機はいま断じて日本が中心ではない。ぢつと我慢して見てゐさへすれば、ヨーロッパの古い火薬は点火を待たずして自然爆発をするのだ。そして、白人のつくつた科学兵器が、再び白人鏖殺《おうさつ》用に役立つ日が必ず来る。

謂ふところの世界第二次大戦は白人をして、もう一度殺傷の地獄に追ひ落す意味に於いてのみ予期さるべきである。白人の武力国家は、結局その武力に倒れるべき運命を負うてゐるが、殊にその科学兵器が駸々乎として際限もなく発達することは、窮極に於いてその実験に供されるものが彼等白人自身であることを思へば、神が世界人類に何を課しつつあるやの謎は、おのづから解かるべきではないか。[30]

以上を踏まえ、西洋の近代文明・現代文明の行き詰まりを指摘しつつ、日本発の新たな生き方を提唱することに、創刊時『新興生活』の目的があったのだといえよう。

『新興生活』創刊以降、現実の日中関係においては小規模な軍事衝突がおこり、やがて盧溝橋事件が勃発するのであるが、それでもなお「日支親善」に関する武藤の信念は揺らいでいないように思われる。事件後の一九三七年九月号の「時の問題解説」[31]から引用する。

日本は蔣介石政府といふ抗日の本体を衝かなきやならない。この本体をいままで少しも衝かずに、皮膚の表面に現はれた腫物の手当ばかりしてゐたから土台何にもならなかつたんだ。支那が日本の敵ではもちろんない。支那が容共抗日の毒菌に冒されてゐる。それを日本のメスで芟除してやれば、あとに残るものは真の日支提携だ。

「支那」は「普通の国家」ではなく、「軍閥といふ奇抜な化物によつて大衆が率ゐられてゐる。大衆の大半は苦力」であって「国家意識などはまるで持ち合せてはゐない」。「今日の場合のやうに、抗日政府そのものゝ撃破を目的とするに至つて、初めて日支明朗化の光明がさして来たものといへるのだ」とする武藤の言には揺るぎはみられない。ただし一九三七年一〇月からは「時の問題解説」自体がなくなってしまうため、その後の世界情勢認識はうかがうことはできない。日中戦争の本格的な拡大が、コラムの消滅と関連している可能性もあるが、現時点では判然としない[32]。

　また中国に対する親愛の視線は他の記事にもみてとれる。一九三四年に蒋介石による新生活運動[33]が開始されていることが、『新興生活』創刊号でも取り上げられている[34]。集団結婚式で極めて安価に結婚がおこなわれていることや「宴会費を節約せよ」「道路の左側を歩け」「阿片絶対禁止」そして「不潔な行為を止めよ」などといった生活の見直しがおこなわれ、警察力を動員して国民に強制することが目指され、「国民の質的総向上」が図られている事を好意的に記している。

　このように個別の道徳項目を掲げて強制することは、この時点における生活館の新興生活運動ではおこなわれていない。しかし重要なのはこの記事において、新興生活運動が、中国の新生活運動と同じ「全世界の新しい動き」として理解され、「人類が漸く真生活に目醒め、其の奥に輝く道徳宗教を思ひ出して来たのだ。唯物思想の一歩退却で、宗教的憧憬への一歩前進だ」と説明されている点である。新興生活運動には「祖国」と「人類」の両方の視点が存在することを、「新興生活宣言」から指摘したが、その両立のあり方が如実にみてとれる。

　創立時の生活館理事のなかで、東洋と西洋の対立、祖国と人類の視点をあわせもった言説を残しているのが高良とみである。高良は全印婦人会議への出席のため、一九三五年末からインドに渡航している。その際にも「東洋の私共」の目前にある生活の不安を解決するためには、「私共日本民族の責任に於て、東洋人の生活とその将来について悩まずには居られない」と記している[35]。この時のことは、ガンジーに対して、日本の新興生活運動とインドの新生活運動の提携を申し入れた紀行として二〇年後に回顧されることになるのである[36]。

　高良の目からみると、一九五五年の政治情勢は次のようにみえる。

> バンドン会議や、アジア諸国民会議以来、アジアも新しい黎明を自覚いたしました。そのためには生きることの根本理念から、日常生活のあり方にまで、生活革命が、アジアの尊い文明の復興と、新しい強力な理想が、若い人々をも揺り動かし、新しい国民意欲として盛り上つて来ることこそ日本の更生であり、真の独立であり、協力であると思うものであります。[37]

以上を要するに、激烈な西洋文明批判を背景として、東洋文明の樹立をはかり、その中における「日本民族」「祖国」のあり方を考えるという立場から『新興生活』は創刊されたといえるだろう。しかし一方で、「新興生活宣言」において「祖国」と同時に「人類」が語られていたことも忘れてはならない。

（3）国際生活展望　―国際化と民族特殊性の揺れ動き―

ここまで「新興生活宣言」における「現下社会の情勢」認識について考え、また「祖国」の視点と「人類」の視点の両立がその特徴であると指摘した。「祖国」のあり方を攻究したのが「時の問題解説」であるとすれば、「人類」的視点を強く打ち出したのが、一九三六年一一月号から、小池新二の責任のもとに[38]連載がスタートした「国際生活展望」であった。その趣旨は冒頭に語られている。

> 此の地球上には世界各国夫々異つた民族が住んで居て異つた文化を構成して居るが、現代文明と云ふ立場から見ると世界各国に共通した生活の流れが観取せられ、此の流れは交通の発達や技術の進歩や教育の普及に応じて日に月に濃くなりつゝある。

しかしそれは「世界中の人間が全く同じやうな生活を営むと云ふことには決してならない」としている。なぜならば「世界の民族にはそれ〴〵固有の民族性があり、その住む土地には土地土地の気候、風土があつて、斯かる特殊性は本質的にそれ〴〵の政治経済、社会機構を規定してゐる」からである。そして「生活に於ける民族的なるものは根強く存在し」（傍点は原史料のママ）失われないと主張するのである。そして次のように主旨が語られる。

> 本欄では、成るべくさうした民族的特殊性を離れて、世界各国に共通し得る現代的なるものを生活文化の領域に於いて弘く探し求め、これによつて我々の生活内容を豊富にしやうと云ふのである。

数多くの写真を載せて連載された「国際生活展望」は初期の『新興生活』において、民族にとらわれずに現代文明を語る点で清新な印象を与える。とはいえ下記の記述は目を引く。

> ところで、本欄では一般的な政治や経済や宗教や思想などの諸問題は取り上げないことにする。さうした諸問題も或る意味では「生活文化問題」と云へるであらうが、此の種の問題は、日々の新聞紙が豊富に提供して居り、本誌の如き月刊の小紙面でさうした時事問題の解説を試みることは殆ど意味がないからである。[39]

先述のとおり、『新興生活』では創刊号以来、コラム「時の問題解説」を設け時事解説を続けており、「国際生活展望」が掲載された一九三六年一一月から一九三七年四月においても継続中であることを考えれば、「時事問題の解説を試みることは殆ど意味がない」と切り捨てていることは極めて異様である。

また「時の問題解説」の中にみられる世界観が東西両文明を異質なものとして規定していたのに対し、「国際生活展望」にはそうした視点は全くみられない。両コラムに代表される考え方が緊張感をはらみつつ、誌面を構成している点が、創刊直後の『新興生活』の特徴といってよいだろう。

具体的な記事内容を確認する。

表1－2には、「国際生活展望」で取り上げられている問題およびそれぞれの記事の中で模範とされている国を挙げた。ドイツが大半を占めるが、スウェーデン、アメリカ、イギリスなども挙げられていることがわかる。

最初に取り上げられた「「閑暇」博覧会」の記事[40]では、日本人と同じく「勤勉な国民として世界的に有名」なデンマーク人がその一方で「非常によく遊びリクリエーションをとる国民」であることが紹介されている。生活は「緊張と弛緩〔〕労働と休息、勉強と娯楽の組合はさつた環」であり、「娯楽があつてこそ、労働の成果が大きい」と説かれるのである。そして記事内では一九三六年七月にドイツのハンブルクで開催された国際閑暇娯楽会議およびスウェーデンで開催された「閑暇」博覧会の紹介へとうつる。

ドイツの事例については、内容は多岐にわたるが、たとえば「絵本の新形式」[41]においては「新興生活に於ける児童読物」の問題を取り上げている。そこには「技術文明の今日」だからこそ、同じ夢物語であったとしても、「お伽噺の架空的なロマンチシズム」ではなく、「科学と技術の現実的なロマンチシズム」がつまった絵本がドイツで創られているとあり、絵本作家フリートリッヒ・ベーエルが一月から一二月の農業生活を描いた「農夫の子クリツシヤン」を取り上げ、各種農具の図解や農村住宅の内部機構、打穀機の構造などを挿絵を用いて、技術的な解説を加えている点に注目している。また、六歳から一二歳の男児向けに書かれた「鉄道の主クラウス」は、機械技師の息子クラウスが鉄道大臣に面会して鉄道見学をするストーリーであり、

表1－2　「国際生活展望」にみられる記事名および記事内で模範とされる国一覧

	記事名	模範とする国	掲載号
1	「閑暇」博覧会	デンマーク、ドイツ、スウェーデン、イギリス、イタリア	1936年11月号
2	庭園工場の出現	ドイツ	1936年11月号
3	絵本の新形式	ドイツ	1936年12月号
4	食品貯蔵容器	スウェーデン	1936年12月号
5	物干竿の合理化	ドイツ	1937年1月号
6	硝子の庭	ドイツ	1937年1月号
7	温泉施設	ドイツ	1937年2月号
8	乳児浴盤	ドイツ	1937年2月号
9	楽しみによる力運動	ドイツ	1937年3月号
10	家事研究所	アメリカ	1937年4月号
11	截ること刻むこと	アメリカ	1937年4月号
12	家事体操	ドイツ	1937年6月号

備考:『新興生活』各号より松田作成。

ここでは具体的な科学知識より、技術がどのように交通運輸の組織になっているかが示されており、「我が国の少年用科学読物が矢鱈に科学知識を詰め込むことにのみ焦つてゐるのとは、全く正反対」であると評価している。

また「物干竿の合理化」[42]では、ドイツの物干しが、地面に設置している筒に、決して「錆びる憂ひ」のない「特殊な鋼管」でできた支柱を差し込み、その支柱に特殊な締め具をつけ干綱を完全に固定しておこなわれていることを解説している。高い技術でつくられた素材や合理的な形状などの点において、日本が劣っていることがここでも指摘されている。

アメリカの事例では、ニューヨークの家事研究所が取り上げられている[43]。「二十個の硝子瓶に各種の織物を入れ、五十回宛洗濯して」「洗濯シアボンの洗浄力を検査してゐる」写真などが掲載されており、「人生とは何ぞや」のような「形而上的問題は一切取扱」わず、「同じやうな製品が数種あり、何れも一長一短があるやうな場合、それ〲の特徴を科学的に検定して」、合格したものにマークを与える同研究所の活動を高く評価している。

戦間期において労働科学や生活科学が隆盛を迎えたことは、ここで改めて指摘するまでもない、よく知られた事実である。しかし西洋文明を否定し東洋文明の構築を目指す新興生活運動が一方で、世界各国に共通する現代文化を求めて、欧米諸国に範をとっていることをここでは指摘しておきたい。

「国際生活展望」の記事自体は一九三七年六月号で打ち切りとなり、それにかわる連載も戦前、戦時期にはみあたらない。

第三節　農村部の活動とその終焉

（1）農村部開設の意義

生活館は創立と同時に、静岡県田方郡函南村に一〇町歩の土地をもつ農村部を開設していた。山下信義が中心となって運営された農村部では、夏に函南山荘が開かれ、表1-3に掲げられたようなプログラムからなる少年少女のキャンプが開催された。さらに一九三六年一〇月一五日には農村部内に聖農学園が開設され、男女生徒を定期的に受け入れることとなった。

農村部を設置した山下の意図は「農村文化の建設座談会」[44]にて明確に述べられている。山下は、「アダムスミスの富国論と、ダウヰンの進化論」によって、「生存競争、適者生存」「弱肉強食」「優勝劣敗」の思想が拡がったという従来の主張をくり返し、そして「精神生活が減じ」「衣食住にのみ心を奪はれ」、「頭のいい、体のよいのが、どんどん外に出て」いき、「男も女も結婚の相手が中々ない」。そして、「田舎は貧乏人と頭の悪い者許りになつてしまひやせぬか」ということを憂えている。

批判の目は、そもそも「金儲本位」で考えるならば、農業では儲からないことは分かり切っているにもかかわらず、「金儲本位」「生産本位」を目標とする従来の農政に向く。

窮《（ママ）》農土木事業といふ言葉がありますが、――私は実にこの言葉位嫌なものはありません――まるでルンペンか、失業者か、立ん坊と同じやうに、窮農といふものを考へてゐるやうに受取れるのであります。（中略）また農村救済といふ言葉もありますが、これ

表１－３　函南山荘のプログラム予定表

午前		午後	
５：30	起床	１：00	午睡・自由
６：10	国旗掲揚式	３：00	運動
６：40	朝食	４：00	入浴
７：20	勤務	５：30	夕食
８：50	学習	６：30	国旗降納式
10：50	運動・遊戯	７：30	キャンプファイア
12：00	昼食	９：00	就寝

（イ）以上は第二日以後の大体の予定で、天候其他の事情により多少変更することあり。
（ロ）会期中数回にわたり、ハイキング、海水浴、見学、登山等をなす予定。
（ハ）第一日は、午後一時より開荘式
　　　第十日は、午前８：30　修了式の予定

備考:「第一回夏季林間聚落　函南山荘案内」（『新興生活』1936年７月、12-13頁）より松田作成。

にしても、さういふ言葉を出すその心持ちをつきとめると、厄介な貧民窟、放つておくとそこから伝染病が拡つてくる、掏摸やいろ〳〵悪い奴が出て来て社会に害毒を流すから、何とか救済しなければ――と、こういつた気持を感ずるのです。

そして物質的に農村を救済するのではなく、「一切の文明進歩を取り入れ」、田植えでの「総合的自給自足、総合的多角形農業」を目指すべきであり、「農村民の生活を農村民的に向上せしめんとする、生活組合運動の急務を力説したいのです」「生活館誕生の意義も使命もこゝにあります」と主張している。

では「農村民の生活を農村民的に向上」させるとはいかなることか。彼らが抱く理想像は女子教育に関して語られた高良とみの次の発言に集約されている。

今日の女学校は、本当に婦人の生活能力を利用してゐないと思ふ。若しこれを正しく使つて行けば、流行の着物を買ふと同じ考慮を一つ転ずれば、自分の農家の庭に野菜を作つたり花を作つたり、或は麦や豆の改良、或は植物の智識を利用して、いろ〳〵な農産物を改良する、進んで織物、染物等の加工等、非常に豊かな創造的生活が、つまり農家といふものを中心にして育てる興味をつくつて行きさへすれば出来ると思ふ。そこまで女子教育を発達させなければいけない。（中略）進んでは、ヨーロツパやアメリカの婦人達のやつてゐるやうに、農村の多方面に亘つて、面白く楽しくやつてゐる、芸術生活も美しく取込んでゐるあのやうな時代が、日本の農村にも来なければならぬし、また来得ると信じてゐます。

「今日の女学校はお姫様のやうな扱で、家では親父が肥桶をかついでゐる」（山下）状況を改善することが必要であり、農村では生活必需品を自分で作るからこそ、良い生活も自らの力で築きえることへの気づきを山下は求めたのである。

また別の記事「漸く具体化途上の農村部の今昔」[45]では、二・二六事件後、農村問題が盛んに論じられるようになったが、いずれも本質をついていないとしている。すなわち「農村に我々が留まらふとする努力は我々でなくては知る事が出来ない」とする「農村の模範青年の叫び」や、「私共は口にこそ村のために、村の更生に、といつてをりますが、本心はいつも都会に憧れてゐるのです」という「女子青年幹部の模範女子の呻き」にとって、経済更生運動や自力更生運動など経済的な意味における更生は「従の問題」であり、「近代物質文明の齎した、彼等の人生観、社会観、農村農業観の革命こそ」が「主なる緊急問題」であるとした。

（2）聖農学園の開設から農村部の譲渡まで

前項でみた理想を実現するための具体的な活動は函南山荘と聖農学園であった。

一九三六年には山下信義を山荘長として函南山荘が開かれている。同人の子弟である、尋常小学校一年から中・女学校一、二年以下の児童・生徒が募集され、一〇日間の生活をおこなうことが企画された。「大自然との親しみ」「健康の増進」「休養慰安」「学習指導」「自治的生活の訓練」「良習慣の養成」「品性の陶冶」が目的とされ、家族の付き添いも認められた。[46]

また同年に生活館農村部内に聖農学園が設立された。設立の目的は次のように記されている。

> 一身を献げて、農村文化の開拓者たらんとする使命を負へる青年男女を集め、神に倚る農者、神と共に働く聖農を興し、失はれたる農村の権威をとりもどし、農民生活並びに農村生活の革新を行はしめんとす。[47]

「十八歳より二十三歳までの男子、身体強健、農業労働に耐ゆる者にして中等教育程度以上の学力を有する」[48]ことを入学資格として、半年間学ぶ聖農学園は、一〇町歩の土地を持つ男子部が一九三六年一〇月から、三町歩の土地を持つ女子部が一九三八年四月から募集開始された[49]。

教育内容が整ってきた一九三八年初頭において、学園は表1－4に挙げた七部に分かれていた。単一作物の生産方法や単一動物の飼育方法だけではなく、それらを複合した経営形態を実習で学ぶことが重視されていたことがわかるだろう。特に特色あるのが乳牛部である。「伊豆の当地方（田方郡）は日本屈指の乳牛産地であり、各農家必ず一二頭の乳牛を飼育して居」[50]ることを背景としている。

生徒は前期には各部の各々について研究実習をおこない、後期には選択した一部門について一人一研究をおこなうこととされている。

また、その他の教育内容は誌上にて紹介されているが、近隣

表１－４　聖農学園各部概要

1、経営研究部（一町二反歩）	一戸の独立農家として農業経営の研究に重点をおいた経営 **果樹**　苹果、日本梨、西洋梨、桃、プラム、柿、梅、無花果、葡萄、枇杷 **家畜**　豚、鶏 **建物**　豚舎、鶏舎、堆肥舎、作業場
2、養豚部（畑六反五畝）	養豚、養鶏を主とせる経営 **家畜**　豚、鶏、兎、山羊、蜜蜂 **果樹**　栗、桃、苹果、梅、茶 **作物**　各種飼料作物、各種蔬菜 **建物**　豚舎、鶏舎、山羊舎、兎舎、養蜂場
3、乳牛部（畑三反五畝）	乳牛飼育を中心とせる経営 **家畜**　乳牛、鶏、山羊、兎、緬羊、蜜蜂 **畑作**　各種果樹、蔬菜、飼料作物 **建物**　乳牛舎、堆肥舎、サイロー、鶏舎、山羊、緬羊舎、兎舎
4、果樹部（一町五反）	果樹に葡萄栽培中心の経営 **果樹**　葡萄、栗、桃、柿、梅 **間作**　薬草、小麦、甘藷、蔬菜類
5、畑作部（一町歩）	畑作中心の農業経営 **作物**　麦類、各種食用作物、芋類、蔬菜 **果樹**　栗、梅、柿 **動物**　鶏、役牛、蜜蜂
6、園芸部（五反五畝歩）	温室、温床、窖中心の高級園芸、花壇、造園盆栽、種苗等
7、加工部（附、養魚場）	**第一加工場**―各種缶詰、瓶詰、ソース、石鹸等 **第二加工場**―製粉、精米麦、製材、木工等 **第三加工場**―各種肉加工、製茶

備考:「我等の聖農学園」（『新興生活』1938年１月、５－７頁）より松田作成。

村落の「託児所応援」、「謄写版講習」「カステラ講習会」などが開催されていることが農村文化の育成という観点から注目される[51]。

農村部および聖農学園の創立に携わった人物に中田正一がいる。中田が農村部にかかわったのは一九三六年から出征のため退職した一九三八年までの短い間ではあったが、その回想は当時の生活を伝える貴重な内容を含んでいる[52]。

　ここでの生活は、山下先生を中心にして小林、大保、谷畑、斎藤と一番若年の私との六家族の生活協同体を作りあげようとする努力過程であった（中略）この生活協同体は同時に生産協同体でもあり、また労働協同体でもあった。

　（中略）そのような努力と建設の場が、同時に聖農学園という農村青少年のための生活および生産教育の場になったわけである。

農村部を構成するこの六家族は「山の家族」と呼ばれており、聖農学園の日曜日の礼拝は山の家族と生徒全員でおこなわれた。また佐藤慶太郎の関わりについても同じ回想において下記の様に記している。

　佐藤翁は時々夫人と共に函南に来られて、山の大家族と共に語り、会食もし、茶や花をたのしまれゆつくり落付いて、よい気持になつておられた。佐藤翁にしてみれば、農村部の行き方などについて、いろいろ意見がおありのようにも感ぜられた。しかし、一回だつて自分の御意見を、かくあるべしというように出された事はなかつた。全くまかせ切つておられたわけである。

中田は意見を述べない佐藤について、「生活協同体を創りあげようと必死に努力している仲間に対しては、「波を立ててはならない、そつとしておこう」と考えることが、せめてものエチケットであつたと思う。内部にいた私でさえそんなに思う」と記している。

そして、中田は、共同炊事、日用品の購入の共同化など、山下をはじめとする職員が物も心も農村部に投げ出して生活を築こうとする試みは「もう一度やろうと言つたつて、できるものでない」が、「全くたのしく生きがいを感ずる生活」であり、「皆が生活に酔つていいた」(傍点は原史料のママ)と回想するのである。

しかし一九三九年四月には聖農学園は改組され、函南農学園と改称される[53]。元来は同志的結合のなかで「生活の革新」を目指した聖農学園であったが、函南農学園では「農村生活の研究及其の実践的訓練を施し郷土に於ける生活指導に当る中堅青年の養成」が目的とされるようになる。表1－5に記した科目構成および教職員からもわかるように、山下は「人生問題」の講師としてのみ残った。そして同時に山下は生活館理事を辞任することになる。誌面ではその理由を「再び元の社会教育者として自由の立場に於て御活動遊ばさるゝことになり」[54]と紹介しているが、山下の名前はその後の誌面から姿を消し、運動方

表１－５　函南農学園発足時の教職員名簿

函南農学園教職員		
		学園長　関矢定一
		主　任　斎藤与一
学科担任者氏名（午前中は学科、午後は実習）		
一、修身（国民思想　農民精神）	学園長	関矢定一
一、公民		本館理事
一、土壌学		関矢定一
一、肥料学		関矢定一
一、病虫害一般		関矢定一
一、果樹	元県農会技師	富岡新五郎
一、植物生理及土壌学	農学士	仁田辰男
一、穀菽作物	学園主任	斎藤与一
一、蔬菜一般	同	斎藤与一
一、農産加工	同	斎藤与一
一、養畜及畜産加工	農学士	広瀬法潤
一、生活の原理	本館常務理事	岸田軒造
一、生活改善問題	本館主事	榊原平八
一、人生問題	法学士	山下信義

備考:「聖農学園の改組」(『生活』1939年４月、１頁）より松田作成。

針をめぐる対立にもとづく事実上の更迭であったことが想起される。

その後一九四一年四月には函南農学園は函南錬成所と改称されるがこの頃の活動については誌面からはほとんど明らかにならない。そして一九四二年一一月一四日、農村部は日本南方協会に譲渡され[55]、山下からの思想的流れは、協会の運動から名実共に姿を消すことになる。

協会が農村部から手を引いた理由は、日中戦争開戦を契機として、同志的結合にもとづく新興生活運動の実践から、広く男女国民を対象とした生活指導へと、活動の軸を変化させたことの帰結であると推測される。第二章にて詳述する。

第四節　生活訓練所の開設

一九三七年四月二九日には女性教育の場として生活訓練所が開設されている。生活訓練所は「真人生に立脚せる家庭生活の研究及其の実践的訓練を施し、郷土に於ける新興生活の指導に当る婦人を、養成する」[56]ことを目的として設立された女性教育組織である。生徒は新興生活館三階の寮舎で起居しながら[57]、表1－6に挙げられた学科を学ぶこととなった。

創立時の生活訓練所は、佐藤慶太郎が所長を、高良とみが主任[58]をつとめたが、実質的に高良が中心となって活動を展開した。その設立の趣意を高良の言葉で確認する[59]。

知識の教授は日々に進み乍ら、本統に「考へる事」の習練は乏しく、徳育は抽象化して日常生活から分離し、体育は競争化して

表1－6　生活訓練所における学科構成

学科目	時間数	学科内容
修身	1	国民生活精神、作法、公民訓練、時事問題、婦人問題
家政	1	家庭学、家庭管理、生活設計、家庭経済、予算生活、家計簿記実習、家庭能率研究、衛生養護、社交儀礼
被服	3	被服調製、和洋裁縫、洗濯染色加工、装飾
食物	2	栄養理論、献立作製、購買法
調理	4	調理法、食品加工、貯蔵法、共同炊事実習
住居	2	住宅住居研究、家庭工作、家具玩具食器製作修理
育児	2	育児保育実習、託児所、保育園、社会事業視察
体育	1	保育、衛生、体育、団体娯楽指導、キャンプ指導実習
生活芸術	（随意科）2	工芸美術、音楽、書画、茶、華、園芸
実務実習	24	

備考：「生活訓練所開設の趣意」（『新興生活』1937年2月、5頁）に挙げられた「生活訓練所学則」第三条より松田作成。

徳育美育とは絶縁し、職業熱は盛んながら、実際の活社会に於ける生活指導を欠き、宗教も哲学も倫理、公民教育も多くは知識として注入され、暗記による試験関門通過によつて、学校教育は、就職の一方便かのやうにさへ、考へられる迄に形式化して来ました。

（中略）有意の材を養成して、日本文化の花と実を国民生活の隅々に迄咲かしめることが、世界への貢献であり、国家安泰の途である事を信じて、教育者も父母も、青年女子も共にその責任と光栄とを分担すべきものでありませう。（中略）

新興生活運動の目的とする所も、亦其処に在りまして、此の国土の津々浦々に迄、健康な生活、幸福な家庭、平和な農村、節度を知る都市文明が、正しい教育に依つて興隆することをこそ念願としてゐるものであります。

（中略）女子中等学校卒業者に生活訓練を施し、中等学校に於て学習し来つた生活態度を実生活の試金石にかけて錬磨します。更に我国各地方の生活問題を捉へ来つて、これに処する解決策のために、必要な判断力と研究心とを養ひ、進んで知識技能を習得する方法と、生活更生の信念を養成しやうとして居ります。

文中「都市文明」とあるが聖農学園が農村をターゲットとしていたのに対し、生活訓練所は都市住民を対象としていた。それは東京に限らない。高良は続けて「卒業の上は、必ず郷土に帰つて、自分の授けられた教養と訓育とを活かして用ひ、其の地方の生活問題の柱石となり、奉仕者とならうとする郷土愛と、奉公の精神に燃えて居る女子を求め」ると記している。実際に、第一回生として入所したのは、福島、群馬、東京、新潟、富山、静岡、愛知、広島、島根、佐賀からの女性一六名であった。

また入所希望者向けには、次のような開設の趣旨が語られた。

訓練所は何をする

一、一日廿四時間の生活を共にする教育

朝夕の仕事に関係せぬ日中の四五時間の教育で、生活の訓練は出来ないからである。

一、鬼千匹といはれるお姑から学ぶ教育

お姑のゐない家庭、男子禁制の場所で真の生活訓練は出来ないからである〔。〕

一、社会の縮図の中で所謂「他人の飯を食ふ」大家族生活

社会から家庭から分離した教育は、真の生活訓練にはならないからである〔。〕

一、生活戦場の士官たる生活技手の養成

所謂の花嫁学校を理想としない。寧ろ自己の婚期が遅れても我が郷土の花嫁のために、母のために、工場のために、学校のために、一般社会のために尽す、愛と犠牲と奉仕に生くる女性の養成を目的とするからである。[60]

個別の生活知識の習得ではなく、生活の現場のなかで訓練をおこなうことが重要であるとの主張であろう。下記に示した生活訓練所の一日にもその理想が示されている[61]。

冷水摩擦にはじまり消灯に終る健康訓練、規律正しい起居の訓練は、此の訓練所内に住んでこそ出来るものであります。朝礼の

精神訓話が終るや、一斉に身仕度甲斐々々しく、掃除に取りかゝり、各々受持の持場を能率よく清潔にし、庭園や茶室の掃除迄三四十分で終る間に、炊事当番は、朝食をとゝのへて了ひます。食事は一週間更代の食事係の手によつて、献立、買出し、炊事、台所食卓の整理、会計迄すべて運ばれます。（中略）栄養改善は、今日は理論の時代ではありません。国民体位の向上のためにも、あらゆる家庭に栄養食が徹底するために、是からの婦人は、栄養食に熟練して居る事が必要であります。（中略）

午前八時……冬期は九時……から午後四時迄は学科の授業と実習があります。その間昼の時間にも、調理の授業に引続き又は単独に昼食の炊事当番の活動があります。市場へ買出しに行く係もあり、館の周囲の庭園を非常時蔬菜園として、家庭園芸の実習をする組もあります。（中略）夜の自習時間は勿論さうした勉強や予習又は各自の一人一研究へ向つて読書や修養に使はれます。

一九三九年一一月には生活訓練所は佐藤生活館から三鷹へ移転され、三鷹女学園と改称、一九四一年四月、法人名が大日本生活協会と改称されると同時に三鷹錬成所、さらに同一二月には日本生活学院となった[62]。

敗戦後一九四五年一二月一九日に佐藤生活館がＧＨＱにより接収された際には、協会は日本生活学院へと移転し、急場をしのいだ。誌面から判断すると、日本生活学院の活動は敗戦直後にピークを迎えるように感じられる。

その理由の一点目は、協会と日本生活学院が再び同じ場所で活動することになり、相互連絡がとりやすくなり、誌面にも日本生活学院の活動が反映されやすくなったことがあるだろう。一九四六年一月号からは「学院だより」が掲載され、日本生活学院のようすが詳細に紹介されている。

二点目として、敗戦直後の協会は自らを生活に関する調査研究機関と位置づけ、『生活』をその発表媒体として、運動の再編を図ろうとしたこと（第二章で詳述）が挙げられる。その際に日本生活学院は貴重な人的リソースであると考えられたからである[63]。

そして三点目には、栄養士法[64]が制定・施行され、私立栄養士養成所として認可された日本生活学院で学ぶことにより、栄養士資格を取得することが可能[65]になったことが挙げられる。

本章では新興生活運動開始当時の運動の支持基盤と目的、そしてその背後にある世界観について分析した。山下信義の支持基盤を受けつぐ形で活動を開始した生活館は、同時に山下の思想を色濃く受けついでいた。すなわち「弱肉強食」「優勝劣敗」、「功利的打算利己主義」からなる西洋文明と訣別し、東洋の日本として文明を築いていく覚悟を思想的背景としながらも、その目標は個人の「霊的更生」や「人生観」の充足におかれたのである。他方、「祖国」の興隆を願う気持ちとともに、「人類の福祉」を重視する姿勢も持ち合わせていた。

この時期の新興生活運動を体現するのが、一切が山下に委ねられた農村部であった。生活と生産を本格的に協同化しようとする試みは聖農学園にもみられ、農村部は山下の「ユートピア」であっただろう。

しかし一九三九年には聖農学園は改組され、山下は事実上更迭される。そこに至る経緯については第四章で検討する。

1　佐藤慶太郎。一八六八年—一九四〇年。筑前国遠賀郡生まれ。一八九〇年明治法律学校卒業後、若松の石炭商山本周太郎商店の店員となる。一九〇〇年に独立、佐藤商店を設立、一九〇八年には日露戦争後の石炭需要増加を背景に炭鉱経営に乗り出す。財団法人若松救療会や東京府美術館の設立にあたっては多額の寄付をおこなう。(「佐藤慶太郎略年譜」(斉藤泰嘉『佐藤慶太郎伝—東京府美術館を建てた石炭の神様』石風社、二〇〇八年))。

2　岸田軒造。一八八五年—一九七五年。兵庫県生まれ。東京高工卒業後、専売公社に勤務。一九〇九年、修養団の機関誌『向上』をみて感銘を受け、修養団の蓮沼門三を訪れ入団。同年、神戸市立兵庫商工実修学校長時代に修養団神戸支部を設立。一九一九年には全国で初めて連合会である兵庫県連合会を設立。一九二九年修養団本部に招かれ、総務、常務理事をつとめ、講習・講演をおこなう。一九三五年佐藤慶太郎とともに佐藤新興生活館を創立、生活改善運動を展開。(修養団運動八十年史編纂委員会編『わが国社会教育の源流　修養団運動八十年史　資料編』修養団、一九八五年、七一—七二頁)。

3　斉藤泰嘉『佐藤慶太郎伝—東京府美術館を建てた石炭の神様』(石風社、二〇〇八年)二四〇—二五九頁。横田章『佐藤慶太郎』(大日本生活協会、一九四二年)二八二—二八七頁。「日本生活協会略譜」(『生活』一九五五年一〇月、一〇頁)。創立時の役員は、理事長に佐藤慶太郎、常務理事に山下信義、岸田軒造、浜田寿一、理事に高良とみ、渡辺竹四郎、監事に横田章、田中作二が就いた。

4　加藤善徳「虹を追う時代　「新興生活」創刊のころ」(『生活』一九五五年一〇月、二〇—二一頁)。

5　加藤善徳「虹を追う時代　「新興生活」創刊のころ」(『生活』一九五五年一〇月、二〇—二一頁)。

6　「驚異的増刷を余儀なくした本誌の圧倒的歓迎　申込殺到は断然同人Bに」(『新興生活』一九三五年一二月、一七頁)。

7　「新興生活同人の申込手続」(『新興生活』一九三五年一〇月、一七頁)。

8　「驚異的増刷を余儀なくした本誌の圧倒的歓迎　申込殺到は断然同人Bに」(『新興生活』一九三五年一二月、一七頁)。

9　「驚異的増刷を余儀なくした本誌の圧倒的歓迎　申込殺到は断然同人Bに」(『新興生活』一九三五年一二月、一七頁)。

10　修養団運動八十年史編纂委員会編『わが国社会教育の源流　修養団運動八十年史　資料編』修養団、一九八五年、八四—八五頁。

11　「女性同人の奮起を願う」(『新興生活』一九三五年一二月、一七—一八頁)。

12　「限りなく伸びゆく新興生活同人　新興生活を女性の手に」(『新興生活』一九三六年二月、一八頁)。

13　「生活相談」(『新興生活』一九三六年五月、一七頁)。

14　「生活相談」(『新興生活』一九三六年六月、一七頁)。

15　岸田軒造『汗愛主義に立てる　ほんとうの暮し方』(財団法人修養団代理部・修養団関西聯盟代理部発売、一九三二年)。

16　斉藤泰嘉『佐藤慶太郎伝—東京府美術館を建てた石炭の神様』(石風社、二〇〇八年)二四四—二四八頁。

17　本章注15『汗愛主義に立てる　ほんとうの暮し方』五頁。
18　岸田軒造『温き家庭の建設』（大日本生活協会、一九四一年）。同『決戦下の家庭生活』（講談社、一九四三年）。同『新民法と家庭生活』（学修社、一九五三年）。新興生活運動において、家庭生活の改善は大きなテーマであった。稿を改めて論じたい。
19　本章注15『汗愛主義に立てる　ほんとうの暮し方』三頁。
20　満薗勇『日本型大衆消費社会への胎動』（東京大学出版会、二〇一四年）。
21　本章注15『汗愛主義に立てる　ほんとうの暮し方』一頁。
22　本章注15『汗愛主義に立てる　ほんとうの暮し方』四頁。
23　本章注15『汗愛主義に立てる　ほんとうの暮し方』三頁。
24　本章注15『汗愛主義に立てる　ほんとうの暮し方』四一頁。
25　佐藤慶太郎「御挨拶　創刊の辞」（『新興生活』一九三五年一〇月、二頁）。
26　武藤貞一「時の問題解説」（『新興生活』一九三五年一二月、一五頁）。
27　武藤貞一「時の問題解説」（『新興生活』一九三五年一一月、一〇頁）。
28　武藤貞一「時の問題解説」（『新興生活』一九三五年一〇月、一九頁）。
29　山下信義「現代文明の行方と次に来るべき生活―新興生活の真意義」（『新興生活』一九三六年二月、三―四頁）。
30　武藤貞一『戦争』（宇佐美出版事務所、一九三六年一一月）の「序」。
31　「時の問題解説　日支大事変の発展」（『新興生活』一九三七年九月、一一頁）。
32　「時の問題解説」において常に注目されているのは中国情勢ではなく、ソ連の動向である。たとえば「南進か北進か」（『新興生活』一九三六年九月、七頁）では、「ソ連一国をもてあます状態」なのに「北への進路を食ひさしにして逃げ出す時機ではありません」と南進論に釘を刺し、「対ソ問題」（『新興生活』一九三六年一二月、九頁）ではソ連陸相の言明を手掛かりにソ連が対独戦を意識していることを光明として捉えている。
33　中国国民党政府による新生活運動については、日本においても、近年急速に研究が進展している分野である。たとえば深町英夫『身体を躾ける政治―中国国民党の新生活運動―』（岩波書店、二〇一三年）、段瑞聡『蔣介石と新生活運動』（慶応義塾大学出版会、二〇〇六年）など。
34　笠慎一郎「新生活運動とは何か」（『新興生活』一九三五年一〇月、九―一一頁）。
35　高良富子「印度へ旅立つに際して」（『新興生活』一九三五年一二月、一九頁）。
36　高良とみ「生活館二十周年に想う」（『生活』一九五五年一〇月、六三―六四頁）。一九五五年八月三日に記されたとの記載がある。
37　高良とみ「生活館二十周年に想う」（『生活』一九五五年一〇月、六三―六四頁）。
38　加藤善徳「虹を追う時代　「新興生活」創刊のころ」（『生活』一九五五年一〇月、二〇―二二頁）。
39　「国際生活展望」の開始に際して」（『新興生活』一九三六年一一月、一〇頁）。傍線は引用者。
40　小池新二「国際生活展望　「閑暇」博覧会」（『新興生活』一九三六年一一月、一〇―一二頁）。
41　「国際生活展望　3絵本の新形式」（『新興生活』一九三六年一二月、一〇―一一頁）。

42　「国際生活展望　5物干竿の合理化」（『新興生活』一九三七年一月、一〇頁）。
43　「国際生活展望　10家事研究所」（『新興生活』一九三七年四月、八頁）。
44　「農村文化の建設座談会」（『新興生活』一九三六年四月、三―八頁）。一九三六年二月二八日に高橋刀畔（大日本連合青年団嘱託）、永野健（千葉県小御門農学校長）、中田正一（久連国民高等学校教諭）、山下信義、岸田軒造、浜田寿一、渡辺竹四郎、高良とみ、加藤善徳の出席のもと開かれた。
45　「漸く具体化途上の農村部の今昔」（『新興生活』一九三六年六月、一五頁）。
46　「第一回夏季林間聚落　函南山荘の開設」（『新興生活』一九三六年六月、一五頁）。
47　「聖農学園設立概要」（『新興生活』一九三六年九月、一七頁）。
48　「聖農学園設立概要」（『新興生活』一九三六年九月、一七頁）。
49　「聖農学園教育の内容」（『新興生活』一九三八年一月、五頁）。
50　「我等の聖農学園」（『新興生活』一九三八年一月、五―七頁）。
51　「我等の聖農学園」（『新興生活』一九三七年三月、一四頁）、「聖農学園便り」（『新興生活』一九三七年四月、一三頁）、「聖農学園だより」（『新興生活』一九三七年七月、一一頁）。
52　中田正一「函南の思い出」（『生活』一九五五年一〇月、二九―三一頁）。
53　「聖農学園の改組」（『生活』一九三九年四月、一頁）。
54　「浜田・山下両理事辞任」（『生活』一九三九年四月、七七頁）。
55　「日本生活協会略譜」（『生活』一九五五年一〇月、一三―一四頁）。譲渡理由については「極度な経営難に遭い数回理事会を開かれ、協議の結果止むなくこれを手放さねばならぬこととなつた」と払い下げを受けた側である梅原耕が記している（梅原耕「あの頃の思い出と今後の希望」（『生活』一九五五年一〇月、三五―三六頁））。
56　「生活訓練所開設要項」（『新興生活』一九三七年一月、六―七頁）。
57　高良とみ「我等の生活訓練所　一年間を語る」（『新興生活』一九三八年一月、一三頁）。
58　「生活訓練所講師及諸先生」（『新興生活』一九三八年一月、一五頁）。
59　「生活訓練所の開設を報ず」（『新興生活』一九三七年一月、六頁）。
60　「生活訓練所開設の趣旨―教育の完成と生活訓練―」（『生活』一九三七年五月、七頁）。
61　高良とみ「我等の生活訓練所　一年間を語る」（『新興生活』一九三八年一月、一三頁）。
62　「日本生活協会略譜」（『生活』一九五五年一〇月、一一―一七頁）。
63　「生活協会は、生活学院とともに、研究、教授、発表等に、一つの人的資源を持つものである。元来『生活』は、これらの人々の、独自の研究の発表を試みる機関であつていゝ筈である。」（「編集小言」（『生活』一九四七年一二月、三五頁））。
64　一九四七年一二月二九日法律第二四五号。
65　「学院だより」（『生活』一九四八年五月、三四頁）。

第二章　戦前・戦時期における雑誌「生活」

―「食」分野から考える―

第一節　創刊から日中戦争開戦まで

佐藤慶太郎が生活に対する関心を抱いたのは「食」の分野からであった。胃腸病に悩まされていた佐藤は一九二五年に二木謙三（東京帝大医学部）を訪れ、「徹底的に咀嚼すること」「白米をやめて玄米を食べること」「肉食をやめて菜食をすること」「昼食を抜いて一日二食にすること」「大食をやめて小食にすること」「水を飲むこと」の六項目を守る食餌療法を勧められ、それにしたがった結果、快癒した。自然の道理に即した「適食」こそ「滋養物」であり、「自然に帰」ることが重要であると説く二木への心酔が新興生活運動開始の動機の一つになっていた。[1]

また『生活』一九四四年七月号、八月号に連載された「栄養生食生活座談会」では、衛生面での危険性を看過してまで、生食を推進しようとする協会の主張が確認できる。さらに生食推進の必要性は、燃料の節約、加熱による栄養分の減耗といった合理性だけで説明されるのではなく、自然の道理に即した食事である点から論じられ、生食を推進するために戦争を利用する側面もあったことがみてとれ、食をめぐるさらなる分析の必要を感じさせる。[2]

さらに一九五三年に日本生活協会の研究方針が策定されたときにも、「心」の生活を思想、情操、精神の面から研究するのに加えて、「身」の生活を衣食住、健康、長寿法の面から研究することが必要だとされており[3]、さらに、一九八〇年代以降廃刊に至るまでの『生活』が食と健康のみを扱う雑誌となったことを含め、食と健康の問題は、創刊から廃刊に至るまでの雑誌『生活』の底流をなす問題であったといえよう。

本章では、戦前・戦時期の『生活』誌上における食生活に関連する記事を通読し、食生活の扱い方がいかに変遷したかを分析することを通じて、一九三〇年代における新興生活運動の方向転換を検証する。これは日本の戦時体制がいかなる勢力、いかなる仕組みによって支えられたのかについての一つの解答になるだろう。

一九三五年一〇月の創刊から一九三七年の日中戦争開戦に至るまでは、誌上における食に関する記事はそれほど多くはない。「お餅の美味しい頂き方」[4]、「手軽に出来る今月の加工調理」[5]、「楽しい我が家　今月の加工調理」[6]といったレシピ紹介のコラムも掲載されているが、いずれも単発記事であり、「合理性」の追求というよりも、「美味しさ」「楽しさ」の実現が目的とされている。「我等の日常生活整調に対する実践的訓練」[7]との目的をもって開始された新興生活運動ではあるが、『新興生活』誌上においては、この時期にはその視線は「食」には及んでいなかったといえる。

ただ、注目すべき記事も存在する。

まず玄米食を勧める記事である。一九三五年一二月号では「すぐ実行したい三つの愛隣運動」として、正月に食べる餅の数を減らし「気の毒な家に分つ」「美しき心もち運動」と「不用物分配運動」と並び、「噛み出し米運動（食ひ改め運動）」が挙げられ、玄米食が勧められている。

噛み出し米運動（食ひ改め運動）

元来、日本人は玄米を常食としてゐたのですが、元禄の頃から精白米を食べる様になりました。これはその当時では大改良であつたでせうが、今日から見れば、悲しむべき改悪でありました。それから尤も大切な事はよく噛む事であります。食物の消化吸収率は、胃液よりも唾液に依る方が、遥かに大であると言はれて居ります。しかるに日本人は、普通五乃至十二噛み位で嚥下するが、之を若し五十噛以上に改めれば、三割以上消化吸収率を高め得るとの事です。

そこで白米より栄養分の多い半搗米或は玄米を、よくかむ事を実行すれば、ずつと食量をへらしても差支へないのですから、各家でお米を洗ふ時、少くとも一握以上をとり、之を一定の容器に入れて置きます。それを青年団なり処女会の方々に集めて貰ひます。そしてそれから得たお金で、近隣の困る方の御見舞をしたり、又皆の為になる有益な事業に使用したいものであります。[8]

すなわち玄米をよく咀嚼して食べ消化吸収を良くし、食量を減らすことによって生まれた余剰を事業へと回すことが主張されている。ただし、ここでの主眼はあくまでも「愛隣」にあるのであり、玄米食はその手段として指摘されているに過ぎない。またこの愛隣運動は歳末の運動として翌年にも誌上で呼びかけられるが、組織化を目指す動きはみられない。

次に取り上げたいのは「すぐ役立つ欄　愛児の頭脳をよくする栄養食物」[9]と題する記事である。

脳髄の中には燐の化合物が沢山あるから、燐を含む食物を摂ると頭脳を良くします。

燐を沢山含む食物には、卵白、乳、脂肪、魚の骨などがあります。骨の主成分のカルシウムも人体に必要ですから、小魚を骨ごと食べるのが一番よろしいのです。

脳髄は燐だけが成分でなく、主成分は蛋白質ですから、豆、豆腐、魚、肉など、蛋白質を沢山含むものを摂るのも必要です。

砂糖類は疲労を恢復させるに大切ですから勉強で疲れた時には糖分の多いもの、殊に砂糖湯などを与へるとよろしうございます。但し、糖分は多量に摂るとかへつて胃腸を害ひますから注意を要します。

便秘すると脳がわるくなりますから、便秘を起しやすい食物（肉類）などを偏食させず必ず野菜や果物をとり、水を飲ませるのも結構です。沢山食物をとると誰でも脳の働きが鈍くなり居眠りが出るのは経験するところです。量が少くて栄養の多いものを与へ、腹八分目が一番いゝのですが、中々子供はさう行きませんから、消化のよいものをえらびます。

食物と消化に要する時間を大体あげると、（後略）

食生活を合理的に営むことを提唱する記事ではあるが、その筆致は決して鋭くはない。また一九三六年一一月号の「生活相談　経済診察」[10]では白米の一部を大麦に代えることによって、食費を節約することを食の合理化として取り上げている。

第一節で挙げた佐藤慶太郎の食へのこだわり、また佐藤と岸田軒造を結びつけることになった[11]『汗愛主義に立てる　ほんとうの暮し方』において、大日本生活協会常務理事の岸田が「玄米常食及混食」「菜食本位」を主張していること[12]を考えると、同協会幹部が食の合理化を目指す発想や、玄米食・自然食志向を当初から持っていたことは疑いない。しかし創刊時の『新興生活』においては、その思想は誌面で全面的に展開されることはなく、あくまでも提唱の形で読者に示されるに過ぎなかった。

第二節　日中戦争開戦後

一九三七年七月七日、北京郊外・盧溝橋において日中間の偶発的な軍事衝突が発生する。八月に入り、交戦は上海に飛び火し、日本政府は「中華民国政府断乎膺懲」を声明して日中間は全面戦争状態へとおちいった。

『新興生活』誌上では同年一〇月から国民の食のあるべき姿を全面的に主張する記事が展開されはじめる。一九三七年一〇月号では、大日本生活協会を佐藤慶太郎のもとで支えた山下信義および岸田軒造が食に関する記事を執筆している。

まず山下信義からみる。「献立統制運動」[13]において、山下は「献立を持つてをらぬ人」は「朝のお汁のみの心配から始まり、昼のお菜、夜のおかづを何にしようかと苦しみ抜いてゐる」と指摘し、その場限りの献立を立てているがゆえに、献立が「毎日出入りの魚屋や豆腐屋に支配され、要らぬ物を義理づくで買はせられ、無駄な時間と労力を費すのである」とした。

しかし一週間ごと、あるいは一〇日間ごとの献立を計画し記録することにより、献立の「進歩」と「退歩」が明瞭になることで楽しみが生まれ、研究が進むと、ビタミンやカロリーに関する知識を増すことができると山下は考えた。また献立統制の方法についても提言している。

> 実際問題として献立をつくるには、若干の時間の余裕と、知識階級でないとやれない。故に私は、一部落に於て一人か二人、さうした恵まれた立場にある人が、このために起ち上つて頂きたいと願ふのである。
>
> こうした篤志の方に研究して貰つて、それを謄写して各戸に配り、それによつて朝晩の仕度をするのである。こうなればみんながどれだけ助かるか知れない。またこのことにより献立作製者は、初めて生き甲斐を感じ、自己の存在価値を発見するであらう。

他方、料理の全国画一化傾向について、山下は批判する。野菜や果物、料理における地方的特色を保存・進歩させるために、各村料理研究所をつくり、地方ごとの「商品にならぬ野菜」を保存し、「商品中心から食品中心へ、更に生活中心へ」の方向転換を主張したのであった。

また「私は国民の体位向上のために、栄養改善のために、各地に献立統制運動起れと祈る」と山下は締めくくっていることは、食のあり方が個人の問題のみならず、国家へと直結する問題であることが明確に意識・主張されている点から留意すべきであろう。

料理研究所を推奨するプラン自体は一九三六年四月時点で山下が主張しているものであり[14]、その主張が開戦にあたって強く繰り返されていることが注目される。

一方、岸田は「完全食のすゝめ」と題する論考[15]を寄せている。岸田は、「人体に必要なる栄養素」を満たす「成分の完全」だけでは「完全食」としない。「一、生きて居るもの」「二、新鮮なもの」「三、変質して居ないもの」「四、有害作用（毒素発生）のないもの」の条件が加わってはじめて完全食であるとした。たとえば玄米については少しでも搗くと芽吹かなくなるため「死物」となる。すなわち、生ける玄米と全く質が異なってしまうのであると考えたのである。

岸田の理想は「自然食」であった。

大自然より人間に与へられる食物の中には、おのづから人間に必要な栄養素が完全に備はつて居る。実に霊妙に出来て居る。それを人間がわざと不完全なものにして食べて居るのが、今日一般の状態である。即ち、勝手に栄養素の一部を捨て去り、生きて居るものをわざ〳〵殺し、季節外れや風土外れの珍奇食を追ふ等、皆之である。

「自然食」を実行するためには、「野菜ならば、なるべく皮も葉も茎も煮汁もたべる」「魚ならば、頭も骨も内臓も全部食べる」「全部食」、出来る限り加工を少なくし生で食べられるものは生で食べる「生食」、風土に適応した食物をとる「適応食」が必要であるとする。

山下のいう「献立統制」は生活のなかに合理性を持ち込もうとする点において、岸田のいう自然食は、生活の自然回帰の一環として、『新興生活』の食に対する思想が全面的に展開されているといえよう。

また本章での検討課題ではないが、社会生活のなかで生活改善を捉える山下の発想と、より具体的な次元での生活改善を訴える岸田の発想が、並列している点が初期の『新興生活』を象徴しており、興味深い。

翌一一月号には「戦時体制下の新興生活運動　非常時局対策と生活改善運動」[16]と題する記事を掲げ、「日本精神の発揚による挙国一致の体現並に非常時財政経済に対する挙国的協力の実行」を目的とした国民精神総動員に対し、全面的に協力する方針を明らかにした。そして「本館の使命と運動目標」として以下を示した。

非常体制下に於て、本館はその創立の使命に鑑み愈々其活動機能を強化して祖国の要請に応へ、国運の隆昌に貢献する為に運動の目標「主眼点」を

一、銃後生活の隣保相扶

二、生活統制の実現

三、消費生活の合理化

の三つに置いて、総ての施設活動を統合し、最も適切な方法に依て、これが実効を期してゐる。

さらに一〇月三〇日に落成式を挙げた[17]佐藤生活館では落成記念として新興生活展覧会が開催される予定であったが、戦局の拡大をみて、九月中旬に時局対策生活展覧会へと急遽名称を変え、一〇月三一日から一一月七日まで同館地下一階から五階にて開催されることとなった[18]。「国家の真の強さは国民の生活力に依存する」[19]との考えのもと開かれた同展覧会では、「ドイ

ツの労働奉仕制度及び青少年団」「イタリーのバリラ青少年団、母子保護制度」「チエツコスロバキヤのソコール（愛国体育運動）」「デンマークの国民体育運動」、さらには「支那に於ける新生活運動」のような国民生活の合理化、充実化を目指す運動が最初に紹介され、次いで「国民は毎日の食事を被服を、住居を、家計をどうすればよいのか。更に町を村を」[20]どうすればいいのかに対する指針が示された。

同展覧会において「銃後の食物報国」は一三項目にわたって展示・陳例された。その内容は表2－1に示したとおりである。

前章にみたとおり、新興生活運動が発足した時には、西洋の近代文明・現代文明の行き詰まりを指摘しつつ、アジア諸国と提携しつつ、日本発の新しい生活文明を提唱することを目標としていた。しかし一九三七年になり「支那事変の勃発は決して歓ぶべきことではありませんが、この好機を逸せず国民生活の刷新を断行することが出来れば、正に禍を転じて福となすもの」[21]と述べる同誌は、戦争の危機意識を背景に、国家単位で、国民を対象として新興生活の実現を目指す方向に大きく舵を切ったといえるであろう。

第三節　食糧統制と雑誌『生活』

戦争の圧力を背景として新興生活運動を強く推進しようとする動きは前節においてみたとおりであるが、一九三八年から一九三九年夏までは誌面において、食の問題はそれほど取り上げられてはいない。一九三八年一月には第一次世界大戦時のドイツを教訓として、食糧自給の必要性が語られている[22]のではあ

表2－1　時局対策生活展覧会における食の合理化に関する展示

展示タイトル	展示例
一、主食の改善	米の偏食から国民を救へ／白米食の害
二、雑穀の再認識	麺類は一日一回使用せよ／大麦（丸麦、挽割、厭麦《ママ》）
三、混食の奨励	混食の功徳は栄養にあり／甘藷飯／馬鈴藷飯
四、自然食の奨励	生きた人間は生きた食物で／生食の利／野菜
五、副食物の選び方	鰯／鯡／干鱈／塩鮭
六、食品加工貯蔵法	加工貯蔵は国富の一歩／家庭食品加工貯蔵と生活の底力
七、調理法の改善	調味料の無駄
八、燃料の節約	燃料国策我らのつとめ／燃料国策と台所の無駄／燃料節約の方法と種類
九、共同炊事と栄養改善	江東共同炊事場
十、完全食（合理的献立）	中程度労働者の献立／献立統制運動／単位式献立法の活用
十一、食費切下法	市価と栄養価／共同購買法／組合運動
十二、疾病と適応食	
十三、食事法改善	

備考:「銃後を護れ　その後に備へよ　銃後の食物報国」（『新興生活』1937年11月、7頁）より松田作成。

るが、この時点において、現実問題として食糧危機が到来していなかったからである。日中戦争下において主食である米の供給不足が問題となったのは一九三九年以降である。まずその状況を概観する。

　農林省は米価安定策として、一九三三年に制定された米穀統制法に基づいて、毎年一二月に標準最高価格と標準最低価格を設定し、供給過剰によって内地米価格が標準最低価格を下回ろうとした場合には市場から米穀を買い上げ、逆の場合は政府所有米の販売により価格高騰を抑える策をとっていた[23]。

　日中開戦前後の標準最高価格の変遷を確認すると、一九三七年米穀年度[24]の標準最高価格（一九三六年一二月一七日決定）は三三円九〇銭であったものが、日中開戦後、一九三八年米穀年度の標準最高価格は三五円四〇銭（一九三七年一二月一八日決定）と引き上げられたものの、翌一九三九年には据え置かれた[25]。すなわち日中戦争下にあっても需給の均衡を保たれ、米価は安定していたといえるだろう。

　朝鮮および台湾から年々一三〇〇～一四〇〇万石を移入することによって保たれる「均衡」について、『農林行政史』では「ひとたび供給面に異変を生じたならば、需給関係に破綻を招くことは必至」であったと振り返る[26]のであるが、当時の周東英雄米穀局長[27]は一九三八年米穀年度を終えた時点で今後の米需給への「自信」を示していたのであり[28]、また農林省が従来の価格統制から米の配給統制へと舵を切るのは一九三九年秋以降である[29]ことを考えると、「戦時体制の初期には、（直後に到来することになる）食糧難に対する危機感はほとんどな」[30]かったといえる。

　状況を一変させたのは一九三九年の朝鮮および西日本の大干魃であった。一九三八年の朝鮮米生産高は二四一三万石であったが、この大干魃により約一〇〇〇万石の減収となった。その結果従来八〇〇万石前後移入されていた朝鮮米の移入量は一九四〇年米穀年度には前年比約九三％減の三九・五万石に激減した[31]。

　その結果、標準最高価格を超えて、米穀が市場取引される事態が生じ、農林省は標準最高価格を三八円、ついで四三円と引き上げざるを得なくなった。約一〇〇〇万石の供給不足が生じており、米価の上昇に歯止めをかけることができなくなったのである[32]。

　以降、農林省は米穀の国家管理制度創設を目指すことになるが、一方で米の消費規制作も打ち出した。すなわち一九三九年一一月には米穀搗精等制限令[33]が発せられ、「玄米ノ重量ニ対スル搗上リ米ノ重量ノ割合ガ農林省令ノ定ムル割合ヲトラザル限度ニ於テ米穀ノ搗精ヲ為ス」ことが定められ、農林省令により、七分搗きを超える搗精を禁止することとなった[34]。

　これに対し、雑誌『生活』では意外な反応をみせている。[35]

　政府はいよ〳〵白米禁止の法令を制定することゝなつた。実に欣快に堪へぬ。我等から見れば当然すぎるほど当然のことであるが、併しながら、昨年の一月二十八日本館に於て開催された白米廃止運動協議会の席に於て、我等が初めて「白米廃止の法律化」を叫んだ時には、此事は、とても急には実現すまいと思つて居た。少くとも一年半の後に之が公表されようなどとは想像しなかつた。然るに、時勢が然らしめたとは云へ、今回政府が断乎として之を実行することを発表したのは、実に痛快至極であつて、現〔阿部信行〕内閣の英断に対し満腔の賛意を惜まぬ者である。

後年襲う食糧危機を考えると、楽観的な姿勢が印象的である。

五分以上の搗精禁止運動

殊に愉快なのは、その禁止の精白度を七分搗に止めず、進んで五分以上の搗精を禁止せんとする説のあることである。〔酒井忠正〕農林大臣などは此説であると新聞紙は報道して居る。（中略）此新聞記事を見るや、直に活動を開始し、五分以上の搗精禁止の請願運動を開始した。

同協会では「五分以上ノ搗精禁止ニ関スル上申」「混砂搗[36]禁止並ニ淘洗[37]廃止ニ関スル上申」の二件の上申書を作成し、佐藤慶太郎および岸田軒造は、米穀国策研究会の吉植庄亮、佐藤長平らとともに、首相、厚相、農相、企画院総裁等などを歴訪した。佐藤長平は『生活』翌一二月号に「食糧の充実と米の消費節約」と題する原稿を寄稿している。

米〔半カ〕搗米乃至七分搗米の励行が、栄養上からも消費節約の点からも必須の要事であると私達は昨年来繰り返して主張して来た。のみならず好景気来による消費増加は必然で、需給関係に支障を来す懼れあるを指摘した。

（中略）其時私達の主張を容れて**混砂搗精禁止白米廃止**を決行したら十四年度に於て数百万石の節約も出来、今日の不安を招かずにすんだかも知れない。

米の需給は現在のまゝで推移してゆくと、来年十月末には差引一千万石の不足を来す。実際には国民の飯米がなくなりはすまいが農林省の統計には明らかに不足する勘定になるので、今から合理的節約を強行することは是非共必要である。その方法は一は醸造米の制限で約二百万石、混砂搗禁止、七分搗乃至半搗米の励行によつて数百万石を節約する見込であるといふ。[38]

まさに得意満面といった内容となっている。なお国家経済および家庭経済に関する利点は以下のように指摘されている[39]。

先づ国家経済について云へば
第一に、搗耗による一割以上の米の損耗がなくなる。
第二に、精米による電動力の消耗がなくなる。
第三に、搗粉の消費がなくなる。
第四に、淘洗（米をとぐこと）による栄養分の大損失がなくなる。

次に家庭経済について言へば
第一に、家庭の米の消費量が白米よりも二三割少くなる。米の嵩が大にふゑ、食べる量が減るからである。
第二に、自然に咀嚼が多くなり、且食量が減る故に胃腸病がなくなり、他の多くの病気も治り、医薬費が非常にへる。
第三に、玄米は前の表に見る様に蛋白質と脂肪が非常に多いから肉や魚の必要がなくなり、副食物費が大いに減る。

食糧の需給バランスの均衡を実現するための戦時統制の論理と、彼らが主張する自然食の論理が違和感なく結合している様子がみてとれるであろう。

また一九三九年から一九四〇年にかけては巻末の付録として、各月の全ての日について献立例を示した「栄養献立」一覧表が掲げられ、そのレシピ紹介がなされるようになった。山下が提案した献立統制運動の一環としておこなわれているといってよいだろう。しかし各種食料が入手可能なことを前提につくられた「栄養献立」は食糧危機の到来とともに実現が難しくなるだろう。

その後、日米戦争がはじまり、さらに食糧情勢が悪化すると、芋や玉蜀黍といった配給品を用いたレシピ集[40]などが誌面に掲載されることになった。戦時期の活動について後年の回想には以下のようにある。

戦争間協会の運営はその進展に対応して国民の精神、物質両面に於ける生活態様を努めて戦争の運用に役立つ様に仕向ける為めに職員全部相協力し力限り根限りを尽し、内にあつては協会の運用に、外に対しては翼賛会や在京の類似機関とも連絡を保持しつつ、時には料理の先輩の方々にお願いし、各地に出張して食生活の指導に努力してもらつたことも絶えずあつた。[41]

東北・北海道で開催された決戦食講習会に出張した講師たちによる決戦食講習会体験座談会[42]では「足りないのは日本ばかりではない、敵国も同盟国もみな足りないので踏ん張つた国が勝つのだからそこのところを踏ん張つて貰ひたい」と語られている。

本章では、日中開戦後の食糧事情の悪化が、新興生活運動が活性化する要因となったことを概観した。山下信義および岸田軒造の活動の原点には修養団[43]がある。個人の修養として自らの生活を見直し、社会を改良することを目ざした彼らは、新興生活運動を立ち上げた際には、緊迫する世界情勢のなかで西洋文明を捨て、アジア諸国と協力しながら日本発の文明を立ち上げることを意識していたが、日中戦争の勃発および食糧難の到来と共に、戦時期の国家を積極的に支え、さらには叱咤激励するに至る。そして開戦後は戦争そのものに対する省察はみられなくなる。

---

1 斉藤泰嘉『佐藤慶太郎伝―東京府美術館を建てた石炭の神様』(石風社、二〇〇八年)二〇二―二一二頁。

2 昭和女子大学で開講された日本近現代史特論における強瀬かおり報告(二〇一五年一月一九日)による。

3 「暫定草稿　来年度からの生活協会　―生活協会は如何に進むべきか―」(『生活』一九五三年三月、三八―四一頁)。

4 「お餅の美味しい頂き方」(『新興生活』一九三七年一月、一〇―一一頁)。

5 「手軽に出来る今月の加工調理」(『新興生活』一九三七年二月、七頁)。

6　「楽しい我が家　今月の加工調理」（『新興生活』一九三七年三月、一三頁）。

7　佐藤慶太郎「創刊の辞」（『新興生活』一九三五年一〇月、二頁）。

8　「すぐ実行したい三つの愛隣運動」（『新興生活』一九三五年一二月、二頁）。

9　「すぐ役立つ欄　愛児の頭脳をよくする栄養食物」（『新興生活』一九三六年一一月、一五頁）。

10　「生活相談　経済診察」（『新興生活』一九三六年一一月、一八頁）。

11　加藤善徳『美術館と生活館の創立者　佐藤慶太郎』（日本生活協会、一九五二年）八四―八五頁。

12　岸田軒造『汗愛主義に立てる　ほんとうの暮らし方』（財団法人修養団代理部・修養団関西聯盟代理部発売、一九三二年）。

13　山下信義「献立統制運動」（『新興生活』一九三七年一〇月、三頁）。傍点は原文ママ。

14　山下信義「村の料理研究所をつくれ」（『生活』一九三六年四月、一三頁）。

15　岸田軒造「完全食のすゝめ」（『新興生活』一九三七年一〇月、四―五頁）。

16　「戦時体制下の新興生活運動　非常時局対策と生活改善運動」（『新興生活』一九三七年一一月、四頁）。

17　加藤善徳『美術館と生活館の創立者　佐藤慶太郎』（日本生活協会、一九五二年）九九頁。

18　「生活館雑報」（『新興生活』一九三六年一一月、一五頁）。

19　「時局対策　生活展覧会誌上紹介　世界新生活運動の展望」（『新興生活』一九三七年一一月、五頁）。

20　「時局対策　生活展覧会」（『新興生活』一九三七年一〇月、一五頁）。

21　「生活館雑報」（『新興生活』一九三六年一一月、一五頁）。

22　「時局対策　輸入食料品根絶策の提唱―展覧会出品の一部分を素材として―」（『新興生活』一九三七年一二月、七頁）。

23　小田義幸『戦後食糧行政の起源―戦中・戦後の食糧危機をめぐる政治と行政―』（慶応義塾大学出版会、二〇一二年）一五頁。

24　米穀年度とは米の収穫を基準として定めた年度であり、前年一一月から始まり翌一〇月までを指す。一九三七年米穀年度は一九三六年一一月一日から一九三七年一〇月三一日までを指す。

25　農林省大臣官房総務課編『農林行政史』第四巻（農林協会、一九五九年）二六九―二七四頁。

26　農林省大臣官房総務課編『農林行政史』第四巻（農林協会、一九五九年）二七五―二七六頁。

27　一九三八年一月七日から一九三九年一二月二三日まで米穀局長をつとめる（秦郁彦編『日本官僚制総合事典一八六八―二〇〇〇』東京大学出版会、二〇〇一年、一一八頁）。

28　小田義幸『戦後食糧行政の起源―戦中・戦後の食糧危機をめぐる政治と行政―』（慶応義塾大学出版会、二〇一二年）一六頁。

29　農林省大臣官房総務課編『農林行政史』第四巻（農林協会、一九五九年）二九九―三〇〇頁。

30　野田公夫「「非常時」の歴史的経験に学ぶ　戦時下の食糧危機はいかにして起こったか（特集　ＷＴＯ農業交渉と国内対策）」（『農業と経済』六九巻一二号、二〇〇三年）四一頁。

31　小田義幸『戦後食糧行政の起源―戦中・戦後の食糧危機をめぐる政治と行政―』（慶応義塾大学出版会、二〇一二年）一七―一八頁。

32　小田義幸『戦後食糧行政の起源―戦中・戦後の食糧危機をめぐる政治と行政―』（慶応義塾大学出版会、二〇一二年）一八―一九頁。
33　一九三九年一一月二五日勅令第七八九号。
34　一九三八年一一月二五日農林省令六四号。
35　「いよ〳〵〝白米禁止〟実現さる‼現内閣のヒット・本館も相呼応して運動」（『生活』一九三九年一一月、一三―一七頁）。
36　混砂搗とは、硅酸質の粉を用いて玄米を精白する方法である。砂を混ぜずに精白する場合と比較し、労力をかけずに早く精白されるため利用されていた。佐藤新興生活館では混砂が淘洗によっては取り去られず、人体に悪影響を及ぼすとして、混砂搗廃止を訴えていた。人体への影響は広く認められていたとはいえないが、少なくとも混砂搗の場合、極度まで精白されるため、目減りする（井上正賀『滋養絶大玄米食養法』大学館、一九一四年）点、食糧供給上の問題点とされていた。
37　米を研ぐ行為のこと。松室英夫・中村不一・岡部徳三郎「米の淘洗による抗脚気性ビタミンBの損失に就いて」（『栄養研究所報告』六巻一号、一九三四年）などで淘洗により米の栄養価が劣化することは指摘されており、佐藤新興生活館でも淘洗により、蛋白質、脂肪、無機質が流失することを指摘していた。生活館調査部編『非常時生活指針　前編』新興生活叢書一九集、佐藤新興生活館、一九三七年）。
38　佐藤長平「食糧の充実と米の消費節約」（『生活』一九三九年一一月、八―九頁）。太字は原文ママ。
39　「いよ〳〵〝白米禁止〟実現さる‼現内閣のヒット・本館も相呼応して運動」（『生活』一九三九年一一月、一三―一七頁）。
40　たとえば小林完「八月の決戦食」（『生活』一九四四年八月、二〇―二一頁）。
41　鈴村吉一「戦争と協会」（『生活』一九五五年一〇月、八八―八九頁）。
42　「決戦食講習会体験座談会」（『生活』一九四四年一一月、八―一二頁）。
43　一九〇六年蓮沼門三によって結成。①自己の修養につとめ、人格の向上をはかり、②相呼応して精神的教育をおこない、③教育界を革正し現社会を改善する、ことを目的とした。第一次大戦後から急速に会員数を伸ばし、一九一九年末には一万八千名、一九二〇年末には四万九千人、一九二一年末には七万人を突破した。（修養団運動八十年史編纂委員会編『わが国社会教育の源流　修養団運動八十年史　概史』修養団、一九八五年、一三・九二頁）。

第三章　新興生活運動の組織化

第一節　同人クラブについて

本章では新興生活運動の組織化についてみる。第一章で確認したとおり、生活館は山下信義がつくりあげた運動地盤を主な支持層として創設された。「新興生活綱領」では「新興生活は近きより遠きに及ぼす」が掲げられ、同志的な結合を用いて運動を拡大する方針が示された。その方針をもとに、具体的にどのような組織化形態が取られたのかを明らかにするのが本章の目的である。

新興生活運動を組織化しようとする動きは、誌面では「特輯・同人クラブ提唱号」と銘打たれた一九三六年五月号から確認できる。同号に掲載された「我等の生活組合　同人クラブをつくれ」と題する記事の冒頭を引用する。

> 生活革新の秋が来た。人々は金儲本位の生活が結局行詰りで、人間の生活は、生活本位で行かなければならぬことを悟つて来た。
>
> 生活組合はこゝに生れた！　相信相愛の土台の上に、我等は我等の生活組合なる同人クラブを打ち建てるのだ！
>
> 孤独をかこちし友よ、悩みと迷ひに悶え来りし友よ、今はそれらの一切を捨てゝ、澎湃として起りし万人待望のこの運動に参加せよ！　同行七人、手に手を組んで輝く人生の真実一路を、凱歌の日まで歩まうではないか。[1]

記事内容をみると、同人クラブは七人で結成され、各員が「最高の善意と、己が最善を以て、相交はり、相尽し合ひ、相信じ合ふ」関係を築いたうえで、毎月の集会日に揃って集まり、「黙想、生活改善事項の協議、体験、研究感想の発表、輪読、合唱、体操、奏楽、無邪気な遊戯等」をおこなうこととされている。また同人クラブの作り方としては、「あなたの周囲に、あなたの仕事場に、学校に、クラスに、病院に、商店に、部落に、会社に」これと思う七名を選び、誘うことが求められている。その上でメンバーの名簿をつくり生活館に送付し、結成は完了となる。[2]

結成された同人クラブはいかなる活動をすることが想定されたのだろうか。山下信義「同人クラブの精神」[3]には、「毎月の集会には、各家庭を順ぐりに廻りながら、互ひに過去一ヶ月間の生活体験について語り」あうことが提唱され、そして「単なる頭脳だけでなく、お互ひの経済生活にまで進出するとき、共済連盟」となる。そしてこうした「親密な結合に生きるとき、人々は初めて生きる悦びを感得する」のだとされた。

「生存競争」「優勝劣敗」「適者生存」「弱肉強食」といった従来の生活標語にかわって、「共存共栄」「相互扶助」「協同一致」「博愛平等」を掲げる「善人」同士が団結し、お互いの「生活体験」について語りあう同志的結合が必要だとしている。

第二節　クラブ形態採用の意義

輪読では『新興生活』をテキストとすることが想定されており、同人クラブ生活館が新興生活運動の裾野を広げていくための手段であったといえよう。しかし運動拡充の組織としてクラブ形態が選ばれた点については、さらに考える必要がある。

高橋刀畔は、同人クラブの設立にあたって、江戸時代の「五人組制度」を模したと説明している[4]。

封建時代には、彼の五人組制度が、農、工、商三階級の比隣の間にあつた。即ち五戸を以て組織した自治機関の組合制度であつて、吉凶禍福相倚相助け、其関係の親密であつたことは、殆んど親戚に異らず、或はそれ以上でさへあつたのである。

高橋刀畔は、こうした助け合いの制度は、大化の改新の際に、唐に習って「家長を戸主として五保相保ち、一人の長をおきて相検察せしむる」「五保の制」がしかれたときまで遡ることができ、その後、何度かの制度変更をみながらも、「江戸時代には浪人に対する取締と、耶蘇教禁止の励行との必要から、更に此制度が重要視され、寛永以後は特に五人組に関する法令の発布を見ることが多く、寛文四年に至り五人組帳を製し」「五人組制度は殆んど完備の域に達した」としている。

しかし明治に入り、一九七〇年六月八日に五人組の制度は廃止された。その復活が必要だと高橋は訴えるのである。

自分は自分達の住んでゐる町村をよくする為め、どうかして此の五人組制度を復活して、心の合つた同士五人団結して、精神的融合をして進んで往つたなら、必ず疲弊困憊せる農村を更生することが出来やうと考へて居つたのである。

処が今年一月八日、九日と二日間、静岡県田方郡函南村上沢の新興生活館農村部を訪問する事となつて、小御門農学校長永野氏と二人で、三島の山下先生のお宅を訪問した夜に、先生から七人組同人クラブの御話が出た。永野先生も自分も、さうしたものがあつて欲しいと思つて居た処なので、先生のお話は将に燃えむとしてゐるガスに、一本のマッチを擦つたやうなもので、忽ちパッと燃え上つたのである。

ところで先行研究において、一九二〇年代以降の日本において、「江戸の自治」が好意的に解釈される言論空間があったことが指摘されている。その一つとして、佐藤健太郎氏の論考がある[5]。

佐藤氏は、高橋是清が一九二一年に青年団への訓示のために記した原稿に、「我が国の地方自治制なるものは其の根ざす所頗る古く殊に徳川幕府時代に於て著しく発達」したが、「然るに明治維新中央集権を急務とするの余り一面に於て多少、地方自治の制度を破壊し自治の精神を萎靡せしむるの傾向を呈した」[6]ことを指摘している。

また佐藤氏は、戦前期の代表的文筆家である徳富蘇峰も、『昭和一新論』[7]のなかで、「現状の社会には、怠業気分、依頼心、雷同性の「三大患」が蔓延しているとし、さらに「二大症」として、「統一症」「形式症」を挙げ、明治以降、廃藩置県や徴兵令、学制、地方制度などで統一政策が取られていたことを指摘」している。蘇峰は、江戸時代の旧制度を改める、こうした改革自体は評価しているのであるが、その徹底の結果、日本が「無味、無色、単調、均一」な「統一症」国家になっていることが国の「精力」を失わせているとしたのである。

さらに佐藤氏は、蘇峰にとっての江戸時代とは「鎖国の制」「階級の制」によって説明されるべき時代であり、蘇峰が江戸時代を高く評価することは決してないのであるが、それでも江戸時代が「其の元気を維持するを得たる」のは、封建制度、つまり「地方限り」の自治をおこなっていたからだとしている。

『昭和一新論』のなかには下記の記述も存在する。

> 東京の近郊などにては、警察官吏が僅少とて、何れも不安の思ひをなしてゐる。而して其の苦情は、屢ゝ吾人が耳にする所だ。此れも尤の事であらう。されど若し今少しく自治心あらば、今少しく自治的修練あらば、必ずしも五人組の旧制を恢復せざる迄も、向ふ三軒両隣、互ひに申合せ、取締の方法は、幾許もある可し、必ずしも多くの入費と労力とを要せず、巡査の一二人の代りは、容易に出で来るであらう。8

また東京市政調査会も一九二八年に『公民教育研究、上巻（明治以前に於ける自治制度と公民的教育）』を編纂し、そのなかで「五人組とその自治制度より観たる価値」と題する節を設けており、その他にも一九三〇年代になると五人組を肯定的に評価する論考が数多く出されるようになる。

雑誌『生活』が「生活」を語る際に、近世期を歴史的に位置づけるような記述はほとんどみられない。

同人クラブに即していうと、五人組を自治の制度として定義したうえで、新興生活運動の組織原理として採用した点は、初期の運動が同志的結合を重んじたことを示しており、注目される。

しかし一九三九年以降、運動組織は大きく変化する。その変化のあり方は第四章でみる。

第三節　同人クラブに集った人々

（1）同人クラブのメンバー構成

さて『新興生活』一九三六年六月号からは各地における同人クラブの結成状況および活動状況が報告されている。結成順に第一号から第五四号同人クラブまで、構成メンバーの職業および年齢が誌面から判明する。これを表3－1にまとめた。

表3－1のうち年齢がわかる三九三名について分類したのが表3－2である。平均年齢は三二・二歳となっており、性別による年齢差はほとんど確認できないが、実数では圧倒的に男性が多くなっている。男性については二〇歳代が、ついで三〇歳代が多く、新興生活運動の主張が青年層を捉えていたことが読みとれる。

また代表者となっている人物のうち、年齢が判明する四〇名の平均年齢を別に計算したところ三八・五歳であった。あくまでも生活館に届け出る際の代表者であるため、リーダー的存在とは限らないが、メンバーのなかでも、やや年齢が上の者が代表者となっている傾向がみられる。

次に、誌面に掲載された全四三八名を職業別に分類した（表3－3）。約半数の一九八名が「農業」に従事していることがわかる。また「教育」が二八名および「農業（指導者的立場）」が二四名存在し、社会教育の観点からこの運動に興味をもつ一定の層が存在していたことをうかがわせる。第三次産業について表3－1とあわせて確認すると、「金融」、「会社員」といった層だけでなく、「商業・サービス業」に含まれる零細経営者・従業員まで幅広く参加しているといえそうだ。

二つの表をあわせると、新興生活運動支持者の「顔」がかなり明らかになる。まず一番典型的なのは三〇歳前後の農村青年である。しかし運動は農村にとどまらない、様々な階層の都市生活者がそこに加わる。生活館からの同人クラブ結成の呼びかけに応じた彼らが、数千人規模で存在する『生活』読者のうち、最も運動に熱心な層であるといえよう。彼らのまわりに緩やかに『生活』読者層が広がっているといえそうだ。

また同人クラブが展開しているのは関東（東京、千葉）、中部（静岡、愛知、福井）、近畿（三重、大阪、和歌山、兵庫）、中国（岡山、島根、広島）、四国（香川、愛媛）、九州（福岡、熊本、鹿児島）の二府一五県および京城府となっている。東北の同人クラブが存在せず、西日本優位であることが特徴のようにも思えるが、サンプル数が少ないため、これを運動の全体像にまで敷衍して考えることができるかは不明である。さらなる分析が必要である。

再び表3－1に戻って個別の事例に着目する。

まず、男女構成については、第七号や第三四号のように女性だけで構成している場合に加えて、第三九号や第五二号のように男女が混在している同人クラブの存在も確認できる。

次に第一五、一六、一七号の志染同人クラブや第二四、二五、二六、二七、二八号の玉瀧同人クラブのように、同一地域で同人クラブが拡がりをみせていることは興味深い事実である。特に志染同人クラブの代表者となっている「☆不明」の人物（松森正子）は同一女性であり、代表者を通して、各クラブに何らかの横のつながりがあったことが予想されるが、現時点では判然としない。さらには第四号、第五号のようにメンバー名から朝鮮人によって構成されていたと考えられる同人クラブも存在したことがわかる。

結成の母体についてみると、第三三号、第四二号、第四三号、第四八号のように職場で形成されたとみられる同人クラブ[9]も存在する一方で、第二三号のように同一職業で構成されている事例もある。第二三号はかなり若い層の同人クラブとなっており、既存の職業団体では主導的立場にはないもの同士が横のつながりを確保していたことも考えられる。また第一八号のように同一年齢で構成されている同人クラブについては学校同窓組織の上に設立された可能性を想わせる。

「農学校長」「農会技術員」「農林技手」など指導的地位に立つ人物を中心とし、既存の秩序に従って結成された可能性があるクラブも存在しているが、各クラブの構成論理は多様であり、一定のルールはみえない。むしろ構成される場の多様性こそが同人クラブの特徴であったといえるのではないか。すなわち「あなたの周囲に、あなたの仕事場に、学校に、クラスに、病院に、商店に、部落に、会社に」[10]という生活館の呼びかけに応じ、それぞれの生活の場で同志的結合がなされたことが、この時期の新興生活運動の特色を示しているのだといえる。呼びかけから約三年が経過した一九三九年四月時点で生活同人会（同人クラブから改称）の数は七〇[11]、ないしは八〇[12]とあり、表3－1の後も同人クラブは増加したものと思われる。

表3－1　同人クラブの所在地と構成メンバー

号	クラブ名	所在地	人数	同人の職業および年齢（☆を付した人物が代表、括弧内は年齢）	備考
1	滑河同人クラブ	千葉県香取郡滑河町	7名	☆農業（67）、校長（47）、農業（43）、郵便局長（56）、農業（55）、村長（52）、医師（62）	
2	大菅一ノ組同人クラブ	千葉県香取郡滑河町大菅	8名	☆農業（55）、農業（53）、農業（53）、農業（49）、農業（47）、農業（42）、農業（35）、農業（33）	
3	大菅二ノ組同人クラブ	千葉県香取郡滑河町大菅	8名	☆農業（60）、農業（50）、農業（49）、農業（45）、農業（40）、農業（40）、農業（38）、農業（23）	
4	平滄同人クラブ	京城府明倫町	7名	**☆金融組合員（38）、商業（29）、銀行員（29）、商業（29）、教員（28）、金融組合員（27）、商業（27）**	
5	滄平同人クラブ	京城府明倫町	7名	**☆保険社員（29）、商業（28）、教員（28）、会社員（28）、官吏（27）、銀行員（27）、商業（27）**	
6	山田村研究会同人クラブ	和歌山県伊都郡山田村大字柏原	11名	☆村書記（45）、農業（40）、農業（35）、農業（36）、農業（31）、農業（31）、農業（29）、農業（28）、農業（21）、農業（33）、農業（20）	
7	山田村更生同人クラブ	和歌山県伊都郡山田村大字柏原	9名	☆教員妻（31）、農業（36）、商業（40）、農業（39）、農業（38）、産婆（34）、農業（28）、無シ（20）、無シ（20）	
8	興農同人クラブ	兵庫県美嚢郡中吉川村役場	8名	☆農会技術員（31）、農業（43）、農業（25）、農会書記（23）、農業（23）、農業（22）、農業（22）、農業（19）	
9	洞海盟友同人クラブ	福岡県八幡市黒崎西海岸通り	7名	☆工業（42）、商業（62）、鉱業（49）、商業（46）、教授（41）、鉱業（40）、鉱業技師（40）	
10	小御門村同人クラブ	千葉県香取郡小御門村農学校	7名	☆農学校長（47）、農業（35）、農業（30）、農業（29）、農業（29）、農業（28）、農業（24）	
11	観心寮同人クラブ	福井県丹生郡糸生村	8名	☆神職著述業、農養鶏業、農業、醸造業農、呉服農、農業、農業、（客員）小学校長	年齢は不明
12	和歌山市宇須同人クラブ	和歌山県和歌山市和歌浦町	7名	☆不明（33）、和師専攻科（25）、小学校長（47）、教育会主事（55）、教員（23）、教員（26）、教授（40）	
13	洗心同人クラブ	広島県呉市本通十丁目	9名	9名とも職業、年齢不明	職業・年齢とも不明
14	下三方同人クラブ	兵庫県宍粟郡三方村西深	7名	☆農林技手（27）、村長（58）、農業（38）、農業（48）、農業（42）、農業（49）、農業（42）	
15	志染同人クラブ一ノ組	兵庫県美嚢郡志染村	7名	☆不明、農業（39）、農業（37）、農業（29）、農業（27）、農業（25）、農業（26）	
16	志染同人クラブ二ノ組	兵庫県美嚢郡志染村	8名	☆不明、農業（25）、農業（37）、農業（37）、農業（21）、自転車業（29）、農業（20）、農業（35）	

17	志染同人クラブ三ノ組	兵庫県美嚢郡志染村	7名	☆不明、工業（26）、工業（28）、工業（26）、農業（39）、農業（24）、農業（25）	
18	春秋同人クラブ	大阪府大阪市住吉区播磨町東一丁目	12名	会社員（28）、建具商（28）、会社員（28）、住職（28）、会社員（28）、社員（28）、商業（28）、銀行員（28）、設計業（28）、不明（28）、不明（28）、運送業（28）	代表者はメンバーには入っていない
19	福岡同人クラブ	福岡県福岡市西新町百道	7名	☆農業（59）、会社員（57）、官吏（42）、会社員（37）、農学士（35）、教諭（35）、農業（35）	
20	高野同人クラブ	兵庫県宍粟郡三方村河原田高野	7名	☆農業（29）、農業（23）、農業（21）、農工業（20）、農業（19）、農業（18）、農業（17）	
21	護農同人クラブ	熊本県天草郡久玉村内ノ原分教場	8名	農業（36）、農業（25）、農業（25）、農業（25）、農業（25）、農業（20）、農会技術員（27）、☆教師（26）	
22	淡光同人クラブ	兵庫県津名郡浦村浦	9名	☆農業（23）、農業（25）、農業（26）、農業（21）、農業（21）、農業（21）、農業（20）、農業（20）、農業（20）	
23	躍進同人クラブ	愛知県瀬戸市古瀬戸	9名	☆陶器職工（19）、陶器職工（24）、陶器職工（25）、陶器職工（19）、陶器職工（19）、陶器職工（20）、陶器職工（21）、陶器職工（21）、陶器職工（20）	
24	玉瀧同人クラブい組	三重県阿山郡玉瀧村玉瀧	7名	☆農業（30代）、農業（44）、農業（43）、校長（48）、訓導（28）、農業（28）、米穀検査員（36）	
25	玉瀧同人クラブろ組	三重県阿山郡玉瀧村玉瀧	7名	農業（34）、農業（43）、農業（21）、農業（33）、農業（42）、農業（44）、農業（36）	代表者はメンバーには入っていない
26	玉瀧同人クラブは組	三重県阿山郡玉瀧村玉瀧	7名	商業（46）、農業（39）、農業（29）、農業（26）、農業（42）、農業（33）、農業（28）	代表者はメンバーには入っていない
27	玉瀧同人クラブに組	三重県阿山郡玉瀧村玉瀧	7名	農業（36）、農業（43）、農業（47）、農業（41）、農業（35）、農業（48）、農業（34）	代表者はメンバーには入っていない
28	玉瀧同人クラブほ組	三重県阿山郡玉瀧村玉瀧	4名	農業（44）、農業（35）、訓導（44）、農業（47）	代表者はメンバーには入っていない
29	活郷同人クラブ	三重県名賀郡矢持村諸木	7名	☆農業（24）、役場書記（27）、農業（27）、農業（25）、農業（24）、農業（24）、農業（23）	
30	刈田同人クラブ	香川県三豊郡宍井村本庄	10名	☆農業（40）、農業（39）、商業（39）、農業（34）、養鶏業（34）、農業（34）、農業（31）、農業（29）、農業（27）、農会技術員（24）	
31	太山寺同人クラブ	兵庫県明石軍伊川谷村前関	8名	☆農業（53）、農業（21）、農業（21）、農業（24）、農業（24）、農業（20）、農業（25）、農業（23）	
32	信和会同人クラブ	福岡県大牟田市有明町	9名	☆商業（39）、商業（36）、商業（45）、商業（37）、会社員（37）、商業（31）、商業（29）、商業（29）、理髪業（28）	
33	青葉同人クラブ	鹿児島県姶良郡敷根県種畜場	7名	☆農林技手（36）、農林技手（30）、農林主事補（24）、牧夫（34）、牧夫（32）、牧夫（25）、牧夫（28）	

34	相愛同人クラブ	三重県阿山郡河合村川合	7名	☆農業（31）、農業（32）、指物商（31）、農業（30）、材木商（30）、農業（33）、農業（30）	
35	第一新興同人クラブ	福岡県久留米市小森野町信用組合内	8名	信用組合指導員（38）、信用組合書記（30）、信用組合書記（30）、農業（26）、農業（27）、☆公証役場書記（32）、信用組合書記（24）、信用組合書記（32）	
36	三日市兄弟会同人クラブ	岡山県久米郡稲岡村南庄	12名	☆県統計主事補（38）、新聞記者（42）、村会議員（36）、水利組合議員（42）、農家組合長（37）、小学校教員（30）、消防組部長（30）、農業（35）、神社氏子総代（37）、神社氏子総代（23）、神社氏子総代（45）、県修路工夫（50）	
37	向上園同人クラブ	鹿児島県始良郡敷根村県役馬利用指導者養成所	13名	☆官吏（43）、官吏（42）、講習生（21）、講習生（21）、講習生（21）、講習生（21）、講習生（21）、講習生（21）、講習生（21）、講習生（21）、講習生（21）、講習生（21）、講習生（21）、	
38	成辰同人クラブ	大阪府大阪市住吉区播磨町	11名	専売局員（21）、銀行員（29）、株式店員（29）、鉄工業（30）、会社員（30）、銀行員（29）、会社員（28）、不明（31）、洋服商（29）、綿糸商（31）、会社員（31）	代表者はメンバーには入っていない
39	相悟同人クラブ	愛媛県西宇和郡神松名村松小学校内	5名	教員（28）、寮母（不明）、教員（25）、教員（25）、☆教員（30）	
40	報徳同人クラブ	静岡県庵原郡由比町由比	8名	農業（31）、農業（28）、農業（38）、農業（28）、☆公吏（38）、農業（27）、海産商（34）、農業（26）	
41	大沢津同人クラブ	鹿児島県曽於郡末吉町岩崎大沢津	9名	☆農業（34）、農業（28）、農業（24）、農業（45）、農業（40）、農業（33）、農業（22）、農業（30）、農業（38）	
42	柁城同人クラブ	鹿児島県始良郡加治木町始良郡畜産組合事務所	7名	☆副組合長（54）、技手（42）、技手（34）、技手（30）、技手（23）、書記（25）、不明（18）	
43	慶和同人クラブ	広島県呉市西惣付町	9名	☆廠員（52）、従業員（38）、従業員（36）、従業員（37）、従業員（39）、従業員（39）、従業員（39）、従業員（50）、店員（32）	
44	登龍同人クラブ	広島県呉市宮原通	11名	☆従業員（26）、従業員（26）、従業員（25）、従業員（24）、従業員（27）、従業員（32）、従業員（27）、従業員（26）、従業員（27）、従業員（27）、不明（不明）	
45	静交同人クラブ	福岡県大牟田市通町	9名	糸物商（50）、タバコ（44）、和服裁縫師（42）、会社員（38）、☆会社員（38）、会社員（32）、写真師（30）、会社員（30）、銀行員（29）	
46	一心同人クラブ	島根県簸川郡稗原村	8名	☆地主（42）、書記（29）、書記（27）、青年団長（35）、書記（24）、助役（37）、校長（不明）、不明（不明）	
47	猿山同人クラブ	千葉県香取郡滑河町猿山	6名	☆米菓商（33）、農業（39）、農業（36）、農業（32）、農業（29）、不明（29）	
48	小平原同人クラブ	鹿児島県曽於郡岩川町曽於郡畜産組合	8名	☆副組合長（57）、技手（34）、書記（39）、技手（24）、技手（28）、書記（28）、書記（19）、不明（19）	
49	南野同人クラブ	岡山県岡山市外大野村辻	10名	10名とも職業、年齢不明	

50	共栄同人クラブ	三重県阿山郡壬生野村大字川西	7名	☆農業（55）、教育者（35）、農業（26）、農業（28）、農業（21）、農業（38）、農業（26）	
51	進興同人クラブ	三重県阿山郡壬生野村大字川東	7名	☆農業（29）、農業（28）、農業（27）、農業（27）、農業（25）、農業（27）、農業（25）	
52	友仁同人クラブ	東京市神田区駿河台佐藤新興生活館内	9名	☆社会教育（不明）、官吏（不明）、学生（不明）、画家（不明）、学生（不明）、学生（不明）、学生（不明）、女医（不明）、学生（不明）	
53	下田　曜同人クラブ	静岡県賀茂郡下田町	8名	靴製造販売（32）、銀行員（30）、菓子雑貨店（30）、会社員（27）、☆呉服商（28）、教員（37）、指導員（44）、指導員（29）	
54	第二淡光同人クラブ	兵庫県津名郡浦村浦	9名	☆不明（不明）、農業科教員（24）、農業（36）、農業（18）、農業（25）、農業（28）、農業（18）、農業（24）、農業（24）	

備考：「結成せよ　同人クラブ」（『新興生活』1936年8月、16頁）、「同人クラブ」（『新興生活』1936年9月、14頁）、「同人クラブ」（『新興生活』1937年3月、18頁）、「同人クラブ」（『新興生活』1937年4月、14頁）、「伸びゆく同人クラブ」（『新興生活』1937年8月、14頁）の各記事より松田作成。名前から女性とみられる人物には下線を、朝鮮人とみられる人物は太字で示した。また表中には現在では不適切な表現もあるが、原史料を尊重し、そのまま引用した。

表3－2　同人クラブ構成メンバーの性別、年齢別構成

	男性（名）	女性（名）	合計（名）
60歳代	4	0	4
50歳代	19	0	19
40歳代	55	1	56
30歳代	106	12	118
20歳代	181	3	184
10歳代	12	0	12
合計	377	16	393
平均年齢	32.3歳	31.4歳	32.2歳

備考：表3－1中の人物のうち、年齢が判明するものについて、性別、年齢別に分類した。

表3－3　同人クラブ構成メンバーの職業構成

職業	人数（名）
農業	198
商業・サービス業※1	37
教育※2	28
農業（指導者的立場）※3	24
公的機関勤務	21
鉱工業	18
従業員	17
金融	17
学生・講習生	16
会社員	14
神社氏子総代	3
医師	2
無職	2
画家	1
教員妻	1
産婆	1
住職	1
廠員	1
神職著述業	1
新聞記者	1
農工業	1
和服裁縫師	1
不明	32
合計	438

備考:
※1　金融、教育、「会社員」、医師、新聞記者、産婆を除く。
※2　農業教育関係者を除く。
※3　「農学校長」や「農会技術員」など指導者的立場から農業にかかわる人物を分類した。牧畜関係含む。「農学士」「地主」を1名ずつ含む。

(2) 滑河同人クラブ

ところで、表3－1中の第一号は村長、校長、郵便局長、医師といった地域の要職者を集めた構成となっており異色であるが、第一号は高橋刀畔自身が結成した滑河同人クラブである。メンバーは以下のとおりである（括弧内は年齢）[13]。

高橋　刀畔（67）　農　業
永野　健（47）　校　長
櫻井　佐（43）　農　業
青柳　良（56）　郵便局長
岩立　修平（55）　農　業
山本　九助（52）　村　長
廣川　国助（62）　医　師

「人生の考へ方、理想、信仰を同じくする人々」[14]が種々の垣根を越えて集まる理想通り、幅広い年齢層、職業の人間から構成されているが、一方で滑河町において指導的な地位にいる人物の集まりともいえる。

高橋はどのような活動を同人クラブの模範としたのか、滑河同人クラブの第一回会合の様子をみる[15]。

会合では、まず山本九助が話した。

小御門村下門前部落は元来富裕な部落であったことに甘え、飲酒の風がはびこり、納税成績が村内最下位に落ちた。これがきっかけとなって、婦人たちが立ち上がった。納税という国民の義務を果たすことについて「働かぬ亭主にばかりは任せておけぬ」と考えた婦人二五名が黎明会という早起会を組織し、午前五時から揃って小御門神社に参拝するとともに、帰宅後各家で藁仕事をして草履をつくり、「五六十銭から小一円近くを要する」ゴム履を追放する運動を始めたことが山本から紹介された。そしてこれらの婦人の自覚ある活動は、「部落民の正義心」をそそり、「飲んだくれ」が「断然禁酒を細君の前に誓ふに至つた」とされるのである。

次に岩立修平からは、「夜遁までせねばならぬ破目」から立ち直った内藤源治（滑河町大菅）の事例が話された[16]。

妻なつと三人の子どもをもつ源治は田畑一町五反三畝の作付けをおこなう自小作農であり、自作農創設資金を借り受けて購入した田三反三畝歩と畑三反歩を自作、その他、田八反一畝歩などを岩立その他から小作していた。

しかし、一九三四年度は、養蚕のために手を取られ、稲の植え付けが遅れた結果、田約一町一反に対し、米の実収が約三二俵まで落ち込んだ。当時の平均反収は六俵から七俵であったので、これは「半毛」といってよい事態であった。

自作農創設資金および肥料代の払い込みが困難となった内藤をみて、「処方箋」を立てたのが岩立であった。岩立は他の地主にも交渉して小作米減額を要請するとともに、不安定な養蚕をやめさせ、養豚を中心とした「巡環経営」へと切りかえるよう内藤に助言した。そして桑畑を掘り起こし、「唐黍、馬鈴薯、里芋、粟、大豆の外豆類」栽培へと切りかえさせ、収穫物を豚の飼料として活用させたのである。

特に高橋が注目したのは、資金捻出の方法であった。内藤は「三反歩の畑を組合に、何れ金の出来た場合には何時でも買戻し得る契約のもとに買つて貰」い、その代金を負債返済と経営方針の切りかえにかかる費用にあてた。そして巡環経営が軌道に乗り、三年間かけて買い戻すという生活計画を立てさせ、それを岩立が当時もなお鞭撻しているのであった。

第二回目以降もクラブメンバーの家を順番に回りながら、さまざまな話題が用意されている。たとえば第二回には、新型の無砂精米機を村内に据え付けるかどうかを協議し、他団体の購入を待ち、実物をみてから検討することを決定しており、第五回では、永野を講師として近隣の町村役場で、農事相談会を開催することを決議している。さらに第六回は製菓方法や果汁の利用法について、「カステーラ」と「プラムと苺のシラップ」を実食しながら学んでいる。そして順番が一巡した第八回目は再び高橋の家で開催され、養鶏における雄鶏の去勢の話題について話された。雄鶏は去勢しないと「飼料をうんと食つて、その割に肥えぬ」「潰す場合に味が落る」のだが、去勢には技術が必要で困っているという話に呼応した永野が、クラブメンバーの雄鶏去勢を引き受け、話がまとまっている[17]。

（3）同人クラブの結成事例と活動内容

同人クラブはどのような手順で結成されるのであろうか。誌上では「雛型」として第一九号の福岡同人クラブの事例が紹介されている[18]。

『大成』ないしは『新興生活』の読者だったのか、あるいは直接山下と面識があったのかは不明であるが、「長い間、山下先生の教へを受けて、今日に至つた」七名が同クラブを結成した。そして「現代人があまりに物質万能、金銭至上主義に堕して、霊的生活を営まないので」なんとかして「吾等の生活様式」をかえねばならない。「それには、さうした考へを持つ人達が幾人か集まつて、互に自己を磨きつゝ、霊的更生の道に入ること」が必要だと考え、クラブを結成することとしたとその経緯が記されている。

クラブの結成には、福岡に来訪した山下に立ち会ってもらうこととし、その場で講話を受け、そして下記の申し合わせに調印したとある。

申合

一、本クラブハ福岡同人クラブト称シ福岡県内ニ居住スル同志七名ヲ以テ組織ス

二、本クラブ会ハ神中心奉仕第一主義ノ霊的生活ニ更生スルヨウ努力スルモノトス

三、本クラブハ財団法人佐藤新興生活館ニ連絡提携スルモノトス

四、本クラブハ毎月又ハ適当ノ時例会ヲ催シ品性ノ陶冶ニ努ムルト共ニ左ノ事業ヲ行フ

1 精神修養
2 生活研究
3 奉仕作業
4 基金積立
5 其他

五、本クラブニ顧問、委員、記録、会計係各一名ヲ置キ委員ハ年長者、記録、会計係ハ同人ノ互選トシ、第二項ノ目的達成ニ努ムルコト

六、昭和十一年六月十一日申合セ茲ニ調印ス

（同人メンバー）
顧問 山下 信義
松居甚市郎
委員 原田 治
記録係 久保 太助
会計係 宮地 萬吉
玉井虎太郎
桃沢 義美
大内 隆祐
（年長順ニセル）

クラブ結成時に協会関係者が立ち会うことが一般的であったのかどうかは不明である。ただ一九三七年四月号に掲載された「クラブ通信」にも、結成後の第四〇号の報徳同人クラブメンバーが函南村の聖農学園を訪問し、「平素敬慕せる山下先生にも始めて御面談の機会を得」[19]たとの記事があり、この活動は生活館と同人とを結びつける重要な位置にあったことが知られる。

第四節　同人クラブから生活同人会へ

（１）同人クラブをめぐる見解の相違
——山下信義、岸田軒造、浜田寿一——

同人クラブの活動は直接的には山下信義の提唱から立ち上げられたものではあるが、他の理事も積極的に関連記事を『生活』に寄稿している。たとえば一九三七年五月号には山下、岸田、浜田寿一がそれぞれ同人クラブを推奨する記事を寄稿している。しかし三者の間でその力点の置き方がやや異なっているように思われる。

山下は「人生行路に欲しきもの　同人クラブ提唱の理由」[20]において、同人とは「第二の我」であるといっている。一対一でもめ事が起こったとき「どんな正しい道理を説いてみたところで、相手がつむじを曲げたが最後、「そんなことは聞きたくない。」といふことになつてしまふ」。しかし同人から話すと、「先方が心を開いて、正しい道理は正しい道理として」受けいれられるのである。「人の問題であるから、同じ苦労をしながらも心にゆとりがある。うまく行けば友が喜んでくれる。だから我が心も喜ぶ。喜びが二重奏となり、三重奏となる」ことが重要であると説いている。そして次のように続けている。

> かく二人の間に真の愛が成立するとよいもの、わるいもの、すべてわがものは彼のもの、彼のものは我がものとなつて、最初の友愛聯盟は頭脳聯盟となり、共済聯盟へと飛躍発展して行くのである。
>
> 我等のたゞ一度限りの人生途上に於て欲しきもの、それは第二の我の存在である。そのグループである。我等が声を大にして、同人クラブの提唱普及を図る所以はこゝにある。

すなわち山下においては互いが友愛の心を持つこと自体が重要であって、その上で、生活体験上の知恵を持ち集まり、経済的な助けあいへと発展することが理想とされている。

それに対して岸田は「旧きより新しきへ」[21]において、以前から五人組制度や「近しい者の協同組合」があり、「中には、組合員が親戚兄弟も及ばぬ程親しい間柄となり、人生の苦楽を総て共にする程の親密な」関係を築くこともある。また「一種の頭脳聯盟として有力な働きをする権威ある組合もある」としたうえで、これらを「旧き同人クラブ」と総称し、それだけでは足りないというのである。

岸田は「旧き同人クラブ」では「生活組合」であることが明瞭に意識されていないとした。そして「一切の生活の合理化協同化に努め、理想的の生活に進まんとの意気を以て努力精進しなければなら」ないと主張する。

生活館に呼応して、届け出を提出した同人クラブにも岸田は冷や水を浴びせる。

> 昨年末、本館に届出られた同人クラブの中には、その結成の動機が、職業を同じうして居るとか、或る特殊の趣味を同じうして居るとか、同窓の関係から集つたとか、或は家産造成に興味を感ずるものが結合したとか、食物の改善に意義を認めて一致したと

か、いろ〳〵のものがある。それは至極結構なことである

同人クラブが様々な動機で結成されたであろうことは前項でも確認し、誌上でもそれが推奨されていた。「併し」と岸田は続ける。

いつ迄も家産造成や食物研究のみに止まつて居てはならぬ。いはんや特殊の趣味にこり、同窓の好しみを温めるだけに止まつて居るものは新興生活の同人クラブとは云へぬ。（中略）

かく一切を理想化せんと努むるものは、必ずや区々たる部分的の改善のみならず、進んで人間生活の根本態度をも革新し、愛と犠牲と奉仕の精神に立ちてクラブ全く融合親和し生涯を通じて苦楽、生死をも共にせんとするに至るであらう。

また同人クラブで話しあうべき内容にも岸田は介入する。

今後は毎月一つ宛、其月の生活改善事項を本誌上で発表することになつて居る。毎月一つではあるが数年後には、あらゆる方面の事を網羅し得るであらう。なるべく卑近な実行し易い事から始める〔。〕同人諸兄弟は全部之が実行に御努力願ひたいのであるが、特に同人クラブを結成して居らるゝ方々は、必ずその月の実行事項を中心にして集会を開き、実行方法の研究討議をせられ、併せて前月の実行事項の経験の状況を相互に報告し合ふ様にお願ひしたいのである。毎月一回以上、例会を開くことは同人クラブの生命とも云ふべき重要事項である。

山下がお互いの悩みを持ちより、お互いに解決する同志的結合のあり方や友愛の心に重きを置いているのに対して、岸田はそうした結合のあり方自体を重視する考え方をバッサリと切り捨てている。岸田にとっては、同人クラブにおいては、お互いに刺激を与えながら、改善すべき事項を確実に改善していくことこそが必要であって、しかもその改善すべき課題のリスト作成は同人クラブには委ねず、『生活』が提唱する「実行事項」を一点ずつこなしていくことを求めているのである。

その後の誌面からは「実行事項」を明確に指示するような文言は見られない。ただ誌面構成が各号ごと特集のスタイルを取るようになり、一九三七年五月号からは『新興生活』の表紙には、その号で特集される内容が記載されるようになる（表3－4）。

最後に、山下、岸田と並んで記事を執筆した浜田寿一が同人クラブをどのように位置づけたかについて確認する。浜田が記した「同人クラブを作れ」[22]では、同人クラブを指して、「活気溢れ、愛と善意と誠実に喜び躍る生活、人間らしい社会」の実現に向かって「希望に燃えつゝ進軍してゐる生活者の群」と定義している。

そして「実生活の中に、相互に磨き合ひ、学び合ひ、尽し合ひ、教育し合ふ自活的生活教育、生活訓練の結合」の場である同人クラブは、「生活の改善に、業務の能率増進に、郷土の更生計画の実現に、又修養の研究に、健康の増進と品性の練成」など極めて豊富な仕事にとりかかるべきだと指摘した。

そのうえでその結合のあり方や進め方も、時と所と人によって多様であってよいとしており、明らかに山下寄りの考え方を示している。

表3－4　『新興生活』・『生活』各号表紙に記された特輯表示（1937年5月～1939年12月）

1937年5月	同人クラブ躍進号
1937年6月	健康生活号
1937年7月	安部磯雄氏に簡易生活を訊く
1937年8月	生活に余裕あらしめよ
1937年9月	富と人生号
1937年10月	献立統制提唱号
1937年11月	時局対策生活展覧会号
1937年12月	愛隣運動号
1938年1月	新年特輯号　※1
1938年2月	（表示なし）
1938年3月	学窓より社会へ号
（1938年4月から12月は不明）	
1939年1月	特輯・新生活運動の方向
1939年2月	特輯・簡素生活
1939年3月	（表示なし）
1939年4月	特輯・時局下の子供の生活教育
1939年5月	特輯・民族の純血を護れ
1939年6月	特輯・貯蓄報国
1939年7月	特輯・日光と健康、葬儀改善
1939年8月	特輯・何をどう活かすか
1939年9月	特輯・我等銃後にかく戦ふ
1939年10月	特輯・能率的な住宅設備（其一．台所改善）
1939年11月	特輯・乳幼児の育て方
1939年12月	特輯・予算生活・記帳生活

備考：※1「起て！非常時の新年」「非常時局と新年の覚悟」が掲載された。

山下・浜田の同人クラブイメージと、岸田のそれとの差異は、結局のところ、生活を真摯に考える人間同士が同志的に結合すること自体を目指すのか、それとも改善事項の貫徹を目指すのか、つまるところ運動全般にかかわる方針の差異でもあろう。また岸田が改善事項の貫徹を上から漏れなく広めていくことを考えるのであれば、そもそもその運動の組織単位が同志的結合の生活クラブであることは不合理でもあっただろう。

平時であれば、両者が並立しながら運動の運営にあたることも可能であったやもしれない。また対立する意見がそのまま掲載されることは、『生活』誌上が意見を自由に表出できる場として機能していたことを示す証左ともいえる。しかし、前章でみたとおり、日中戦争の勃発および拡大は、生活館に、国民生活統制の必要性を強く感じさせる契機となった。「時局」の長期化とともに対立は先鋭化せざるを得なかったのではないか。

（2）生活同人会への改称

一九三九年一月に浜田寿一が、同二月に山下信義が理事を辞任する。そして同四月には同人クラブは生活同人会へと改称される。これは単なる名称の問題に止まらなかった。「生活同人会を作れ（同人クラブを改称す）」[23]から具体的な変更点を挙げる。

一点目は、大人数の同人会結成を認めたこと、そして少人数の同人会を複数集めた連合組織の結成が推奨されたことである。以下、記事を引用する。

> 我等はどこ迄も小人数のグループを尊重し、この基礎の上に大きな組織を築き上げんとするものである。
> （中略）
> 漠然たる多人数の集団は崩れ易い。永続性あり、実行性あり、融合性のある小グループを単位として堅陣を作り上げようとするのが本館の行き方である。

史料中引用者が傍点を付した、少数組織を「基礎」団体や「単位」集団と捉える発想は従来の同人クラブには全くなかったものである。記事は続く。

> 今度の生活同人会は（中略）多人数で一団を作る方が都合のよい所では、何十人でも何百人でも一団となつて一つの同人会をつくつてよいのである。大工場の如きは一工場内の同人が何百人あつても一つの同人会にまとめる方が都合のよい場合がある。今度はその様なのも認める。

さらに組織化についても次のように述べる。

> 同一町村内に幾つかの生活同人会がある時は、聯合して町村生活同人会聯盟を組織し、一府県内に幾つかの生活同人会があるときは、聯合して府県生活同人会を組織することにしたい。
> 各府県生活同人会は結束して、全日本生活同人会を組織し、茲に全国の同人を完全に組織化せんとするものである。

すなわち生活館は幅広く網のように国民を組織化する方向へと大きく舵を切ることになるのである。

二点目は、生活同人会の目的として、「所属同人が協力共励以て正しき生活の研究と、その実行に努めること」に加えて、「本館の趣旨を普及し、地方の生活刷新の徹底に尽力すること」が取り上げられたことが挙げられる。そして「自己の生活改善のみに努力」することは否定される。

> 我等の主張する正しき生活の重要項目の一つは、献身奉仕、郷土愛である。自己の生活改善のみに努力して、他の為めに尽さず、郷土の理想化に努力しないのは利己主義の生活であつて、正しき生活の反逆である。従つて正しき生活の実行者は、必ず本館の趣旨を広く他に傳へ、他の人々を幸福にし、郷土を理想化せんと努める。

「正しき生活」とは他への献身や郷土愛をもった生活であることが語られ、そして生活館こそがその「正しき生活」のあり方を伝える源泉であることが確信されている。

三点目は、生活同人会の「事業」が決められたことである。毎月一回の会合（月例会）を「同人会の生命」と位置づけ、そこでは「実行事項の申合せ」がなされることが定められた。また「目的を達するに役立つこと」はその他のことであっても「役立つことは何をやつてもよい」とされた。

四点目としては、生活館との連絡方法が機関誌『生活』を中心として、訪問などの形式が取られることが改めて確認された。

以上をまとめると、生活館の基本方針としては、国民を組織化し、『生活』が提唱する「正しい生活」を普及する下部組織として、生活同人会を位置づけることになったといえよう。しかしこの改革を進めるにあたっては生活館内部でも相当の議論が持たれ、運動方針の変更の可否が討議されたことが、誌面からだけでもうかがえる。

なぜならば、「生活同人会を作れ（同人クラブを改称す）」が掲載された一九三九年四月号には、他方で同志的結合であった同人クラブを高く評価する記事[24]も掲載されているからである。記事中では以下に列挙する同人クラブの「功績」が七点指摘されている。

一、親しみ合ふ友をもつ
二、地方改良への素地
三、一人一研究の普及
四、個人生活の向上
五、共有金、共有地の設置
六、特産品原価取引の実現
七、協同化の再認識

一、については「同人クラブの成因が、人生観を同じうする者気心の合ふ者といふ所に構成の重点をおいた関係から」、事変下の「出征応召されたクラブ員遺家族をめぐつて、数々の美談が生れ」た点が挙げられている。そして「心地よき交はりの数々が各地に展開されたといふこと」が「実に快心に堪へなかつた」と回顧されるのである。そして生活同人会にもこの点を継承すべきであると指摘している。
三、の一人一研究とは山下の盟友であった田沢義鋪が提唱した概念で、山下も後に引き継ぐことになったものである。その眼目は、「ただ漫然たる生活ではなく、何か一つだけは、自分も研究しているのだ」との気持ちを持つために「人間一人あるところ、必ず何らかの研究問題を持ってほしい」とする点にあった。研究の「対象が大きければ、研究の実績はあがらない。業績があがらなければ、したがって研究の興味は起らない。興味が起らなければ、その研究は永続しない。そこで先ず初めは、研究の範囲をなるべく少さくして、その業績をあげることに努力すべき」とするのが、一人一研究の考え方[25]であったが、岸田からすると区々たる個別研究ということになろうか。ここでも研究する心を重視するのか、研究成果を重視するのかをめぐる対立の契機があった。
四、については「自己の生活改善」のみに執着する態度を、生活同人会について明確に否定されたにもかかわらず、同じ号の誌面において、「よき人生の建設をしようといふ」目的を持った同人クラブは「個人生活の向上」に多大の効果を示したと評価されている。
七、については同人クラブの経験によって協同して実生活をする時の、「個人では到達し得ない高い悦びと、協同による力とが、容易に得られることを体得したこと」が最大の収穫であるとされた。「世はあげて全体主義の下に、統制されんとして居る時、個々の力より協同の力が偉大なものであることを確認」

できた点に同人クラブの功績を位置づけたのである。

そして同人クラブを「母胎」として、生活同人会が「新たなる運動形態を整えて進発せんとする」のだと位置づけ、「新生の子、生活同人会よ、男々しくあれ、前進せよ、勝て」と記事は締めくくられている。

以上、本章では、元来同人クラブの結成を広め、同志的結合による運動拡大を目指していた生活館が方針を転換し、同人クラブを生活同人会へと再編していく過程をみた。人生観を同じくするものが自由に同志を求めていく形態では急速な運動拡大を望めず、戦時下の国家的要請に応え、生活改善の実を挙げるためには不充分であった。

個々の人生を充足させるための同人クラブと、生活館が提示する「正しき」生活を実行する下部団体としての生活同人会では目的も全く異なる。

こうした運動の変質は運動の支持者層にどのような影響を及ぼしたのだろうか、次章にて確認する。

---

1 「我等の生活組合　同人クラブをつくれ」（『新興生活』一九三六年五月、三頁）。
2 「同人クラブを即刻つくれ!!」（『新興生活』一九三六年五月、四頁）。
3 山下信義「同人クラブの精神」（『新興生活』一九三六年五月一日、五—七頁）。
4 高橋刀畔「私は如何にして同人クラブを作ったか」（『新興生活』一九三六年五月、三—七頁）。
5 佐藤健太郎『「平等」理念と政治—大正・昭和戦前期の税制改正と地域主義—』吉田書店、二〇一四年。
6 「地方自治と青年」（国立国会図書館憲政資料室所蔵「上塚司旧蔵文書」六一、一九二一年一一月二日）。本章注5、佐藤書一〇一頁。
7 徳富蘇峰『昭和一新論』（民友社、一九二七年）。
8 徳富蘇峰『昭和一新論』（民友社、一九二七年）一〇四—一〇五頁。
9 特に、第三三号、第四二号、第四八号はいずれも鹿児島県内の畜産関係者の結成であり、業務関係を通じて運動が拡がったことを想起させる。
10 「同人クラブを即刻つくれ!!」（『新興生活』一九三六年五月、四頁）。
11 「生活同人会を作れ（同人クラブを改称す）」（『生活』一九三九年四月、二八—二九頁）。
12 「生活館だより　生活同人会の新編成に際し　同人クラブの功績を想ふ」（『生活』一九三九年四月、七四—七五頁）。
13 「結成せよ　同人クラブ」（『新興生活』一九三六年八月、一六頁）。
14 山下信義「同人クラブの精神」（『新興生活』一九三六年五月一日、五—七頁）。
15 「滑川《ママ》〔河〕同人クラブの結成」（高橋刀畔『五人組制度の近代的復活』佐藤新興生活館、一九三七年、五七—六一頁）。
16 高橋刀畔「夜逃仕度から甦つた農家」（『新興生活』一九三六年二月、一三—一五頁）。
17 「建設途上の地上楽園」（高橋刀畔『五人組制度の近代的復活』佐藤新興生活館、一九三七年、六一—六九頁）。
18 「同人クラブ　福岡同人クラブの結成まで」（『新興生活』一九三六

年一二月、一八頁）。

19 「クラブ通信」（『新興生活』一九三七年四月、一四頁）。

20 山下信義「人生行路に欲しきもの　同人クラブ提唱の理由」（『新興生活』一九三七年五月、三頁）。

21 岸田軒造「旧きより新しきへ」（『新興生活』一九三七年五月、四―五頁）。

22 浜田寿一「同人クラブを作れ」（『新興生活』一九三七年五月、四頁）。

23 「生活同人会を作れ（同人クラブを改称す）」（『生活』一九三九年四月、二八―二九頁）。傍点は引用者による。

24 「生活館だより　生活同人会の新編成に際し　同人クラブの功績を想ふ」（『生活』一九三九年四月、七四頁）。千葉明彦が記している。

25 加藤善徳「新興生活運動物語（5）一人一研究の波紋」（『生活』一九七七年一月、八―一〇頁）。

第四章　雑誌『生活』の変質

第一節　一九三九年の生活館改革

『新興生活』は一九三八年四月に誌名が『生活』と改題され、同時に大幅に頁数を増やし、菊判八〇頁となった。創刊号から一貫して、日本語の表紙タイトルの上に、エスペラント語で「新興生活」を意味するNOVA VIVOが掲げられていたが、この変更時に外されたものとみられる。

その翌年の一九三九年は生活館にとって大きな変革の年となった。前章までに述べてきた内容を確認する。

一九三九年一月には浜田寿一が理事を辞任し、次いで二月には生活館創立にかかわった功労者の一人である山下信義もまた理事を辞任する。そして四月には山下が心血を注いだ聖農学園が函南農学園へと改組され（第一章第三節）、同人クラブも生活同人会へとその組織原理を組みかえられる（第三章第四節）。さらには秋以降、食糧事情の悪化にともなって、生活館は食糧統制へ積極的姿勢をみせ、政府の統制方針の手ぬるさを糾弾する立場になった（第二章第三節）。一一月に佐藤生活館内に設けられた生活訓練所を三鷹に移転し、三鷹女学園としたことを含めれば、非常に大きな変化があったことがわかる[1]。

この変化の意義をまとめる。

元来新興生活運動は、人生と生活を考え直すきっかけを求めた農村青年男子・都市青年男子によって支えられていた運動であり、組織面では「人生観」を同じくする人間同士の同志的結合が重視されていた。第一章第二節でみたとおり、西洋文明の圧迫のもとで、東洋の日本人がいかに生活すべきか、という問いが運動全体を包む役割を果たしていたことも忘れてはならないだろう。そしてこの運動スタイルを象徴する存在が山下であった。

山下の運動イメージは、生活改善のための具体的な実行項目を一つずつ実現していくことを重視する岸田軒造のそれとは必ずしも一致していたわけではなかったとみられるが、創立時の『新興生活』では両者の意見がバランスを取りながら併存していた。

しかしそのバランスを一変させたのが日中戦争の勃発であった。時局下での具体的な暮らし方を指し示す内容が誌面に多くみられるようになり、生活館は、同志的結合のなかで人生と生活の悦びを実現する方向を引き続き維持するのか、「正しい生活」のあり方を国民へと普及させ、時局下の国家建設の一翼を担うのかの選択肢を迫られた。その選択肢への回答が一九三九年の諸改革であったと考えられる。

生活館創立者である佐藤慶太郎は翌一九四〇年一月一三日に急死しており、一九三九年時点では存命している。しかしこうした変化に対する佐藤の立場は誌面からは直接的には知ることはできない。

佐藤と山下の関係は、第一章第三節（2）で示した史料中において、農村部を視察した佐藤は「農村部の行き方などについて、いろいろ意見がおありのようにも感ぜられた」が「しかし、一回だつて自分の御意見を、かくあるべしというように出された事はなかつた。全くまかせ切つておられたわけである」[2]と述べられている点にうかがい知ることができる。

その一方で、佐藤の死後、大政翼賛会事務総長の有馬頼寧を協会理事長に迎えた際に、誌面にて「これ実に創立者佐藤慶太郎翁の抱負顕現」[3]と記されていることも注目される。また死の直前の一九三九年一二月二八日の恒例の年末全役職員会食の席上ではじめて佐藤自ら謡曲「鶴亀」を披露した[4]というエピソードも存在する。国家長久を言祝ぐ「鶴亀」である。国策に呼応する形での生活館の躍進を佐藤は素直に喜んだのではないだろうか。

第二節　帝都同人総動員運動と同人倍加運動

前節で述べた生活館の性格変化を受けて、運動の支持基盤がどのように変化したのかを本節にて確認する。『生活』一九三九年一〇月号では、帝都同人総動員運動と同人倍加運動が提唱されている。

帝都総動員運動とは、「新東亜建設の大業に参加してゐる私共の輝やかしい栄誉」を受けるために、貯蓄運動を全力で推し進めることを目的として呼びかけられた[5]。

第二次世界大戦期の国民貯蓄増加（のちに増強）奨励運動は、「国債の消化、生産力拡充資金の蓄積、インフレーションの抑制」を目的とし、一九三八年四月一九日の「国民貯蓄奨励ニ関スル件」に関する閣議申し合わせからはじまった。初年度である一九三八年の国民貯蓄増加目標額である八〇億円を実現するために、政府は強力に貯蓄組合の結成を奨励した。そして翌一九三九年には目標額は一〇〇億円に引き上げられる[6]。

こうした政府の方針に応じ、生活館では「百億貯蓄は、聖戦遂行のために、どうしてもなさねばならない国民の義務」であり、「一銭でも二銭でも貯蓄する」ためには「根本的に我が家の暮し方に再検討」を加え、「一体どう暮すのが本当か」[7]を考える必要があるとしたのである。

この運動が同人に止まるのならば、その効果は限定的であるため、生活館は同人から国民へと運動の裾野を広げることを目指した。すなわち「銃後の暮し方座談会」の提唱である。「生活館教務部」との打ち合わせのうえで開かれる「銃後の暮し方座談会」では、「同人が世話人となり、自宅又は適当の場所に向ふ三軒両隣は勿論、知人、親戚等を集め」て、生活館から派遣された講師の講話か紙芝居を聞き、その内容について座談会を開くことが目指された。

一方、同人数自体の大幅な拡大を目指す生活倍加運動が一九三九年七月から開始された。『生活』巻末に付された紹介ハガキを利用して、同人それぞれの努力のもと、『生活』読者、すなわち同人を獲得していく運動が展開されたのである。その目的については翌年次のように記載されている。

> 光輝ある二千六百年を記念すべき最善最良の方法は、全国民が協力して戦時下に相応しい合理的生活を打建てることである。今や、政府は「精動」を改組して、新たなる出発点に立つて、根本的な生活改善を実践しようとしてゐる。そして「生活」は「精動」

の期待する国民生活の改善運動の最もよき指導誌である。「生活」の同人を拡大することが即ち「精動」の狙ふところと合致するといふことを、我々は確信して居る。この際、特に、同人獲得に尽力することは、直ちに、国家に対するわれ等の奉公の一つともなるのである。[8]

この運動には、『生活』普及委員を任命し、各獲得同人数を誌面に掲載して、競わせて読者獲得をはからせる面もあった。たとえば以下の如くである[9]。

◇見よ！全国各地に続々とあらはれる普及戦士の勇猛ぶりを（名古屋）の峯田通俊氏が一挙四十一名をズラリツと紹介されたのを筆頭に――
（秋田）山川栄一氏の二十九名（静岡）村山正造氏の二十八名（愛知）森島絹子氏の十四名（中略）
と、快報はひきもきらぬ。
◇本山の生活館内でも、之に刺戟されて、
編輯部――三十五名
会館部――三十一名
庶務部――二十四名
教務部――二十一名
代理部――十四名
調査部――十二名
会計部――六名
女学園――三名
と、各部がそれ〴〵全力をつくして、新同志獲得に努力してゐる。

次に、この生活倍加運動の効果について確認する。

一九三九年九月号から一九四一年一月号にかけて、「国民の新生活体制に即応し各地に新興生活運動起る！」との表題のもと、新規同人申込者の名簿が掲載されている。各月号に記載された名簿を集計し、まとめたのが表4-1である。申込があった月の号に掲載しきれなかった人物については翌月号に回す処理もなされているため、必ずしもその月に申込があったことを意味しない。しかしコンスタントに同人を増やし続け、該当期間で五八〇二名もの同人を増やしていることがわかる。刊行当初の三、四年の間「読者は六千五百名に落着いていた」との前掲の加藤善徳の回顧を参考とするのならば、この時期に読者数をほぼ倍増するほどの運動の拡大をみたことになる。

特に注目したいのは女性同人数である。新規同人の四割から五割程度が女性であった。雑誌に記載された名簿には男女の別は記されていないため、「女性（推定値）」に挙げた数字は確定値ではなく、あくまでも名前および勧誘状況から女性と推定される人物をカウントした推定値となる。また「明」「栄」など男女双方に使いうる名前の人物については極力省くようにしたため、実際の女性数はこの表よりも多くなると予想される。

また新規同人の四割強が東京からの申込であることも注目すべきであろう。生活館立ち上げ時に新興生活運動の基盤であった静岡についても集計したが、取り立てて組織的な勧誘活動がおこなわれている形跡はなく、新規申込数も一四九名（全体の

表4－1　B同人への新規申込者数およびその内訳（単位：名）

掲載された巻号	B同人への新規申込数	B同人への新規申込者のうち				団体名にてB同人となった団体	C同人への新規申込数
		女性（推定値）	東京	静岡	直接申込		
1939年9月号	169	71	37	4	0	なし	1
1939年10月号	147	69	23	0	0	なし	1
1939年11月号	191	55	67	22	44	なし	3
1939年12月号	270	123	90	20	40	なし	2
1940年1月号	184	71	92	3	44	（三重）滝川青年学校	0
1940年2月号	421	151	181	2	92	（山形）光丘文庫、（札幌）工成舎、（神奈川）産業報国会	0
1940年3月号	（新規購読者名簿の掲載なし）						0
1940年4月号	447	159	188	19	109	（千葉）政友会図書部、（三重）東洋紡績津工場	0
1940年5月号	371	138	118	17	89	なし	9
1940年6月号	273	102	110	11	98	（静岡）大日本報徳社、（神奈川）春光園母子寮	3
1940年7月号	323	136	139	12	122	（山形）昌徳寺、（京都）京都織物株式会社、（京都）第一工業製薬株式会社、（朝鮮）淑明女子専門学校、（愛知）名古屋城北栄養協会	2
1940年8月号	242	98	94	7	94	（名古屋）白鳥連合女子青年団、（静岡）森女塾、（香川）三菱鉱業直島精錬所、（東京）大井社会事業協会、（北海道）留萌高等女学校々友会	2
1940年9月号	366	143	92	2	78	なし	3
1940年10月号	573	306	379	9	297	（秋田）三輪村役場勧業係、（東京）西高井戸松庵町会、（和歌山）母の会、（東京）山市商会、（東京）富士防水布商会、（東京）鬼足袋株式会社	5
1940年11月号	758	475	424	2	383	（福岡）国婦戸畑支部、（宮崎）宮崎県立女子高等技芸学校校友会、（徳島）鳴門教化連盟	1
1940年12月号	511	239	209	3	153	（東京）阿古村尋高小学校、（東京）阿古村国防婦人会、（東京）伊豆村国防婦人会、（東京）太陽製菓株式会社	2
1941年1月号	556	209	193	16	131	（秋田）秋田実務学寮、（大阪）中松組織工部、（福岡）北九州戦時生活相談所、（東京）日東石綿工業株式会社、（神奈川）川崎市連合女子青年団	3
合計	5802	2545	2436	149	1774		37

備考：

1、「B同人への新規申込者数」には団体として同人申込をした者を含む。

2、原名簿には男女の別は記されていないため、名前および勧誘状況から女性と推定される人物をカウントした推定値である。「明」「栄」など男女双方に使いうる名前の人物については極力省くようにしたため、実際の女性数はこの表よりも多くなると予想される。

3、「C同人への新規申込数」には、B同人からC同人への切りかえを含む。

二・六％）に止まっている。

さらに、勧誘による同人増加が誌面では強く主張されているが、特に推薦者がいない直接申込件数も一七七四件であり全申込数の約三割を占めている。強引な勧誘によるものだけではなく、雑誌『生活』を受け入れる土壌が人々の間に拡がっていたことをうかがわせる。

第三章第三節で分析した一九三六年時点の男性を中心とした生活館支持者層（同人クラブメンバー）と一九三九年からの生活倍加運動で獲得した協会支持者層の差はあまりにも歴然としている。「時局下においていかに生活すべきか」という都市民の不安と関心をエネルギーの源として、生活館は短期間に、指導的な位置にある男性の運動から、東京を中心とする男女国民の運動へと転化したものと推測される。

また実際の発行部数の増加スピードはそれ以上であったと思われる。なぜならば多部数購読者がいたからである。一九四〇年二月時点で五部以上購入している読者が二三件存在し、最高は五〇部講読とされている。そのうち、団体名としては美川婦人団（石川、二〇部）、住友電線製造所（大阪、二〇部）、更新会支部（青森、二〇部）、江東消費組合（東京、一〇部）、京都電灯支社（福井、五部）、王子製糸工場（北海道、五部）となっている[10]。さらに同五月には「宇都宮の生活改善会が三百五十部を大量購入して各方面に普及運動を開始された」[11]事例などが報告されている。

こうした「成果」には生活館も大きな満足を示しており、さらなる同人の拡大を狙っている。

昨秋倍加運動を提唱、同人諸君にその協力をお願ひして以来、澎湃として捲起る生活改善の全国的な声と共に、「生活」網は次第に張りめぐらされ、今や全国津々浦々、「生活」の行きわたらぬ里はないまでになつた。先づ倍加は完全に成功した。殊に東京は過ぐる一ケ年間に四倍半の超好成績を示し、その他愛媛、千葉、静岡、島根、愛知、福岡等の如きは、それ〴〵倍加以上の好成績を見たけれども福岡などの様に、反つて減数の傾向を辿りしもの二、三あり、その外成績の香しくない県が数県ある、これ等の県は今年度に於て必ず盛かへしてもらひたい。

今回三ケ年計画、現在部数の八倍加、即ち

今年度に於て倍加、

来年度に於て更にその倍加（四倍加）

第三年目に於て更にその倍加（八倍加）

の計画を決定した。その運動方法として団体に対する運動、地域別の運動、その他各種の方法を樹てゝ着手した。[12]

しかし史料中に「成績の香しくない県」とあるように、生活倍加運動が功を奏さなかった地域もあるようである。それは次の引用に詳しい。

反対に、〔生活倍加運動〕成績香ばしからざりしもの——却て同人を減少せしめたものに——兵庫県、愛知県、三重県〔、〕鹿児島県、北海道、岡山県等の諸県がある。今後の奮起を切望してやまない。[13]

ここで挙げられている同人数が減少した県は、北海道を除き、同人クラブが広がった県（第三章第三節）と一致している点が非常に興味深い。従来の生活館の運動が広がった県では、新しい運動方針が浸透しなかったことを意味するのだろうか。戦時下の国民運動は、精神総動員運動や貯蓄運動の地域的展開ともあわせて検討すべき課題であるが、ここでは論点の指摘にとどめる。

また幅広い読者を獲得した結果、誌面構成を巡っても新旧読者の間からの様々な意見が寄せられた。生活館は、読者からの声を「同人カード」として収集していたが、そこで寄せられた声を用いた架空座談会記事が一九四〇年九月に掲載されている[14]。

大野（横浜）　もつと宗教的に、修養的に編輯していたゞきたい。何と言つても生活の土台は心にあるのですから……。

妹背（和歌山）　同人となつて日尚浅い私がこんな事を言つては失礼ですが、私も、もつと精神指導があればよいと思ひます。

横山（福島）　大野、妹背両氏と私も同じ意見です。近頃の「生活」は、追々普通の月刊雑誌と同じになつてしまふのではないかと心配してゐます。単なる暮し方でなしに、皇国の道に則り、真に相互扶助の生活を確立するために、もつと熱をもつてもらひたでい［いで］すね。（中略）

森島（岡崎）　私も、婦人を代表して一言……「生活」が次第に雑誌的になりつゝあると思はれるのは残念です。

渋谷（八王子）　チヨツと待つて下さい。私は反対です。もつと大衆的に編輯してもらひたい位で——絵や写真もドシ〳〵入れて下さい。講談社のマネだなんて思はずにやつて下さいヨ。

青木（福山）　ヒヤ〳〵。中流以下の人の方が多数なのですからネ。

西川（高知）　私も同意見です。「家の光」式の編輯が万人向です。

記者　マア〳〵まつて下さい。どちらも一理あります。編輯者としては、どちらにも歓迎される様に苦心して居る次第でして、今後も双方の御希望に副ふ様努力するつもりです。

幅広い階層と男女双方を含む国民を相手にするためには、誌面構成もより総合的な、より具体的な記事を増やし、期待に応える必要がある。しかしその一方で精神指導記事を求める声もあり、協会が苦慮している様子がみてとれる。ただしそれは運動の急速な拡大ゆえの嬉しい悲鳴でもあっただろう。

運動の急速な変質と拡大に応じて、一九四〇年八月には生活館は「新興生活宣言」と「新興生活綱領」の改訂をおこなっている。

新興生活宣言

わが日本は、今や国を挙げて、興亜の大業完遂に邁進してゐる。我等は宜しく八紘一宇の大理想を昂揚し、億兆一心、公私生活の刷新向上に努め、以て聖業を翼賛し奉らなければならない。

翻つて、国民生活の実情を観るに、其の個人生活と社会生活とを問はず、今尚旧慣陋習に囚はれ物心両面の生活に、矛盾不合理甚だ多く、殊に物質偏重に堕し、功利主義の生活を営む者少しとしない。かくては興隆日本の推進力を減退せしむること、洵に大なるものがある。

生活刷新の要諦は、かゝる自己中心の人生観を建て直して、没我献身、感恩奉仕の皇道精神に更生し、此の大道に立ちて一切の生活を合理化するにある。これこそ国民の不安苦悩を解消し、国家を無限に進展せしむる根本動力である。

新興生活は、この原理に基き、生活の科学化、道徳化、芸術化を図り、進んで之を組織化し、協同化し、国民の総力を国家目的に帰一統合し、普く万民同福の実を挙げんとするにある。

新興生活運動こそは、方に国家の待望、時代の要求である。同憂同感の士、希くは共に皇国の興隆と、人類の福祉とのために、奮つてこの運動に協力提携せられんことを。

（『生活』一九四〇年八月、二七頁）

新興生活綱領

一、我等は生活を通して天業を翼賛せんとす。
一、我等は人と物と時とを活かさんとす。
一、我等は健全なる家庭を建設せんとす。
一、我等は隣保相愛の実を挙げんとす。
一、我等は実践躬行を生命となす。

（『生活』一九四〇年八月、二七頁）

第一章第二節に引用した旧「宣言」、旧「綱領」からは大きく文言が書き換えられている。旧「宣言」、旧「綱領」で問われていたのはあくまでも「人生の真意義」であり「人生観」であった。あくまでも個人が「霊的更生」をはかることに主眼がおかれていた。

しかし新「宣言」、新「綱領」ではそうした要素が取り払われている。かわって重視されるのは「天業の翼賛」と「実践躬行」である。前節で確認した変革がことばとして確定されたのだといえよう。

誌面の変化としては、一九四〇年八月から一一月には表紙のタイトルの上に「銃後の暮し方指導雑誌」、一九四〇年一二月から一九四二年六月には「暮し方指導雑誌（常会テキスト）」の文字が現れ、生活館は国民指導団体としての位置づけをより明確に打ち出していくことになる。

そこにはそうした指導を熱烈に受け入れている読者もいた。一九三七年から同人となり、翌年に妻に先立たれ、残された三人の子供を育てたある読者は後年、次のように記している。

> 約二十年子供の為を思い独身でやり通しました。その間唯一の私の伴侶となり指針となつて呉れたものはこの「生活」でありました。一つ一つの例を上げて申上るまでもなく今度の事変中一番困つた事は食生活と衣料のことでした。殊に食生活にはどれだけこの「生活」から得た知識が役立つたか〔。〕人々はあの苦しい食物の欠乏の為殆んど悲鳴を上げました。その中に私ばかりは毅然とした自信に満ちた生活をし、三人の子供は居ても一朝有事の際困らぬ為には一俵の米はいつも用意して居ました。（中略）そして私は「生活」の読者であること、本協会の誌友であることをひそかに誇として居ました。[15]

また当時生活館会館部の職員をつとめ[16]、のちに協会理事となった奥田半亮は当時の様子を生活館の「全盛時代」と振り返る[17]。すなわち一九三八年からは「いよいよ会館利用者が多くなり、集会は一週間以上前に予約をせねばならなくなり、宿泊部は十日以上も前に申し込まねば満員でお断り、食堂は特に昼食利用者が激増した為、利用者の不便と、騒音防止から当初二階にあつた食堂を地下」に移動した。一九三九年に生活訓練所が三鷹に移転してからは、もともと訓練所の置かれていた「三階全室を宿泊部として使うこ〔と〕になつたのですが、もう年中空室なしといつた利用状況であつた」。

協会から見れば運動の拡大であるが、運動が拡大する際には、それを求める人々のエネルギーがあったはずである。生活館にとって、日中戦争の拡大はまさしく「生活維新の好機」[18]であった。その未曾有の好機をとらえ、運動は大きな「躍進」をみることになったといえよう。

その後協会は一九四一年三月に有馬頼寧・大政翼賛会事務総長を会長として受け入れ、大政翼賛会との提携強化の姿勢を打ち出す。また翌四月には大日本生活協会と改称し、同時に会館名を佐藤生活館と改称する。さらに日米戦争開戦直後の勝利を背景として一九四二年二月に大日本生活宣言を発表する。

精神総動員運動や大政翼賛会の活動を含めて、協会の動きを検討する必要があるが、ここでは関連資料を挙げるにとどめたい。

急告　本館と大政翼賛会との提携
伯爵有馬頼寧氏本館理事長に就任

昨秋、大政翼賛会が肇国理想実現の大使命を負ふて発足するや、その一部局として国民生活指導部が置かれた。吾等は重要なる国民生活革新運動がいよ〳〵強力に推進されるを思ひ、欣快を禁じ得なかつたと共に、本館の運動は翼賛会の運動と離れたものであつてはならぬ、どうしても本館が翼賛会の外郭団体となり、緊密なる連携を保つて協力一致、輝ける国難突破の大運動を進めていかなければならないと信じてゐたが、時局の急迫はその機運を促進し、今回いよ〳〵本館が翼賛会の外郭団体として密接に提携、表裏一体の活動をなすこととなつた。その結果、大政翼賛会事務総長伯爵有馬頼寧氏を本館理事長に推し、大政翼賛会総務部長、同国民生活指導部長等数氏を本館役員に迎へることに決定した。

これ実に創立者佐藤慶太郎翁の抱負顕現であり、又、国家の慶事と言ふべきである。随つて本館の活動は今後、画期的躍進を見るであらう。同人各位には如上の事態を篤と了知せられ、未曾有の大国難に直面せる秋、一段の熱誠を以て生活運動の進展に協力せられんことを切に希望する。

尚、この機会に、本財団の名称も、全国的生活運動の主体たるにふさはしきものに改名し、事業内容、運動方針等も大いに変つて来るが、これ等は決定次第、次号以後に逐次発表する予定である。

（『生活』一九四一年三月、一頁）

会名・館名の改正 財団法人大日本生活協会と佐藤生活館

財団法人佐藤新興生活館は、去る三月一日創立満六周年を迎へた。最初、生活に関する研究所並に参考資料陳列及供給所の如き意味を多分に含んでゐた本館は、事変勃発以来、国民の生活刷新運動と云ふことに大きな使命を荷ふに至つた。今や本館の最大任務は、高度国防国家の基礎たる生活新体制確立の国民的大運動を展開することに定つて来た。

かうなると従来の名称は其実を表はすに適切であるとは云へないので、過半来名称改正の事が議に上り、今回いよ〳〵**財団法人大日本生活協会**と名称を改正することになつた。前号発表の通り、本会は大政翼賛会の外郭団体として同会と密接な連携をとることになつた此の時、名称も全国的生活運動団体たるに適はしきものに改つたので、我等は此の好機に乗つて一大進展を遂げようと全員勇躍してゐる。

会名がかく変ると、創立者佐藤慶太郎翁の貴き特志がやゝもすれば忘られ勝ちになる。之を忘れる様なことがあつては、本会の根本精神が滅びる。依つて、どこまでもこれを記念するために、会館の名称は「佐藤生活館」と命名することになつた。即ち財団法人大日本生活協会が佐藤生活館を維持経営するのである。東京の中央—駿河台の最高所に屹然として聳ゆる「佐藤生活館」を仰ぎ見るたびに、我等は佐藤翁の偉大なる精神を憶ひ起し、その徹底したる滅私奉公の生活を学ぶ様に努めたいものである。

尚、従来の佐藤新興生活館の役員（常務理事水野常吉、岸田軒造。理事石田馨、井上秀子、横田章、佐藤与助、野口雄三郎。監事丸本彰造、渡邊竹四郎の諸氏）に加へて新たに大政翼賛会側より石坂弘（総務部副部長）、野津謙（国民生活指導部副部長）の両氏が常務理事として、松前重義（総務部長）、喜多壮一郎（国民生活指導部長）の両氏が理事として、岩塚源也氏（国民生活指導部副部長）が監事として、それ〴〵就任された。また曩に辞任された武島一義、小田成就両氏に代つて久尾啓一（文部省成人課長）、青木秀夫（厚生省生活課長）の両氏が理事に就任され、茲に本会の陣容は一段と強化され、新年度とゝもに一大飛躍が期待されることゝなつた。

（『生活』一九四一年四月、一頁）

大日本生活宣言

皇紀二千六百一年十二月八日、対米英宣戦の大詔渙発と共に、雄渾無比なる大作戦は展開し、米英多年の東亜侵略の拠点は、相次いで皇軍の掌中に帰した。しかも彼が難攻不落と豪語せる新嘉坡も、開戦僅か七十日の二月十五日には、早くも覆滅し去つたのである。かくて世紀に亘る東亜圧迫の牙城は崩壊し、米英的旧秩序は破砕され、茲に東亜新秩序建設の偉業に、一転機が画さるゝに至つたのである。

この世界史空前の大戦果は、一体何によつて齎らされたものであらうか。それは云ふまでもなく、大御稜威の然らしむるところであるが、同時に忠誠勇武なる皇軍将兵の身命を鴻毛の軽きに比する、日本精神の実践に外ならぬ。今や戦は第二期に移り、闘ひつゝ建設をなす最も困難なる一大建設戦を迎へたのである。この戦を勝ち抜く道はたゞ一つ、即ち肇国の大理想たる八紘一宇の日本精神の昂揚と、その徹底的なる実践である。このためには、我等の生活から、すべての米英的なる思想の残滓を殲滅し、個人主義自由主義物資主義的なるものを掃蕩し、生活の一切をあげて皇運扶翼のために帰一し、以て八紘一宇の顕現、世界平和の確立に寄与しなければならぬ。

我等は夙に「新興生活」の旗印の下に、この運動を展開し来つたものであるが、今や大東亜建設の国策に即応し、惟神の皇道生活観の強化実践に邁進せんとするものである。かゝる日本的性格の上に建設される、科学に立脚した素朴剛健なる戦時生活こそ、大東亜戦遂行の根本動力なることを確信し、敢て大日本生活の本領を宣言するものである。

昭和十七年二月十八日

戦捷第一次祝賀の日

財団法人　大日本生活協会

(『生活』一九四二年三月、七頁)

1　同時代の誌面を追うことで得た一九三九年の変化は、『生活』一九五五年一〇月号の一〇頁から一八頁に掲載された「日本生活協会略譜」ではほとんど触れられておらず、本書でおこなった誌面分析結果とは大きく異なっているように感じられる。

2　中田正一「函南の思い出」(『生活』一九五五年一〇月、二九―三一頁)。

3　「急告 本館と大政翼賛会との提携 伯爵有馬頼寧氏本館理事長に就任」(『生活』一九四一年三月、一頁)。

4　奥田半亮「協会と共に二十年」(『生活』一九五五年一〇月、三八―四二頁)。

5　「銃後の暮し方座談会」(『生活』一九三九年一〇月、八二―八三頁)。

6　岡田和喜『貯蓄奨励運動の史的展開―少額貯蓄非課税制度の源流』(同文館出版、一九九六年)、八九―一〇六頁。

7　「本当の暮し方」というキーワードに岸田の関与を強く想起させる。

8　『生活』一九四〇年五月、九〇―九一頁。

9　「生活倍加運動を起せ いよ〳〵白熱化す 各地に普及委員を設け、全国的拡大網を布く」(『生活』一九三九年一二月、九〇―九一頁)。

10　「生活倍加運動」(『生活』一九四〇年二月、八四―八五頁)。

11　『生活』一九四〇年五月、九〇―九一頁。

12　『生活』一九四〇年七月、八八頁。

13　「生活倍加運動を起せ」(『生活』一九三九年一二月、九〇―九一頁)。

14　「同人カードによる編輯会議」(『生活』一九四〇年九月、九八―一〇一頁)。

15　小笠原初市「人生行路の指針」(『生活』一九五五年一〇月、四五―四六頁)。

16　「謹賀新年 昭和十五年元旦」(『生活』一九四〇年一月、表紙裏)。

17　奥田半亮「協会と共に二十年」(『生活』一九五五年一〇月、三八―四二頁)。

18　岸田軒造「生活維新の好機来る」(『生活』一九四〇年一月、七―八頁)。

第五章『生活』の戦後 ―ラフスケッチ―

第一節 敗戦からの再出発

（1）協会活動の急速な縮小

運動の拡大とともに誌面も充実し、一時は一〇〇頁を越える号も存在した『生活』だが、一九四四年七月からは印刷用紙不足のため二四頁に、さらに同年一〇月からは一八頁、一九四五年四月から一九四六年四月までは八頁（四ツ折一枚刷）となった[1]が、敗戦をはさむ時期にも『生活』は刊行され続け、敗戦後再びページ数を増していった。

創立から一九五五年に至るまでの生活館および協会の役職員数については、表5－1に記したとおりである。組織規模は、一九三七年以降拡大し、四〇年代に入ってもおおむね維持されたものの、敗戦以降、一気に縮小したことがわかる。

組織が急速に縮小することになった直接的な原因は、一九四五年一二月二〇日に佐藤生活館がGHQによって接収されたこと[2]、そして基本金を構成していた満鉄株が無価値となったこと[3]などが関係者によって語られている。接収は九年間に及び、その間、法人事務所を三鷹の日本生活学院内に移すことによって、急場をしのいだ。

接収時点において「常勤役職員二十数名」が「踏み止まつて」おり、三鷹の日本生活学院に引っ越す時には「戦災

表5－1　創立以来役職員移動表

年	役員数（名）	職員数（名）	合計（名）
1935年	8	8	16
1936年	8	14	22
1937年	10	35	45
1938年	11	65	76
1939年	13	69	82
1940年	12	74	86
1941年	20	66	86
1942年	21	65	86
1943年	17	75	92
1944年	15	55	70
1945年	15	39	54
1946年	5	20	25
1947年	6	13	19
1948年	6	12	18
1949年	6	9	15
1950年	6	7	13
1951年	8	10	18
1952年	8	8	16
1953年	9	11	20
1954年	8	11	19
1955年10月現在	6	11	17

備考:『生活』（創立二十周年記念号、1955年10月、裏表紙裏）より引用。

者数名を含めて約二十名」となった。その時点で収入は月額九二〇〇円に過ぎない接収建物の賃貸料のみとなり、そのなかから固定資産税を払わねばならず、「片つ端から売喰いを始め」ることを余儀なくされた。その後も一九四六年四月に半数の職員が退職、一九四七年七月にも守屋磐村など三名が退職するなどして、人件費を削減し、法人の生き残りがはかられたことが証言されている[4]。

また購読者数も減少したことが予想される。すでにみたように一九四〇年前後の生活倍加運動によって同人数を激増させた『生活』であったが、戦後その事業は急速に縮小することになった。同人は誌友と呼ばれることになったが、一九五〇年三月時点で一五年以上の継続誌友は二六名、一〇年以上が六二名、七年以上が五二名、五年以上が四八名となっており、一九四五年三月以前からの読者は一八八名に過ぎなくなっていた[5]。

一九四八年一月号では「空襲以来、戦災や疎開、または転居などにより、会員と協会との縁が切れた場合が多く、したがつて本誌の発展的続刊も知らない方が少くないと思います。……つきまして会員係は従来のカードを手がかりにして、極力旧会員の復活勧誘に努力いたしております。どうぞこの記事に目を通された方は、旧会員の復活に、それぞれのグループで努力していたゞきたい」[6]と呼びかけている。

ただし一九四六年八月号二一頁の「会員各位に急告」[7]では「「生活」の読者は毎月拡大に拡大をつゞけ、隣組一括購入、各会社の団体申込等応接にいとまなしといつた現状です。用紙不足、印刷の困難等悪条件が山積してをりますが、この度若干の手持用紙ができましたので、極く僅かではありますが新申込に応じられさうです」との記事も存在しており、敗戦前後の『生活』を支えた読者層や、そして読者数が減った時期についてはさらに検討する必要があるだろう。

（2）敗戦後の編集方針の模索

敗戦直後の協会の情勢を一九四六年の三・四月の「協会だより」から確認する。

編輯課＝神田区駿河台の当協会事務所が既報の如く去る十二月二十日聯合軍最高司令部で接収されたるを以て当協会の各種事業に就て全般的に亘り一時支障を生じ従つて編輯上にも影響を蒙りたるも漸次資料等の整備を行ひつゝあり、尚本紙の印刷用紙に関しては戦時中極度に使用を圧縮を受けつゝあつたが日本出版協会の機構改革に伴ひ漸次配給用紙も旧に復しつゝあり別項の如く増頁を為し体裁も改むことになつた、又編輯上に就ても聯合軍最高司令部民間情報部からの招聘に基き二月二十六日編輯会議に和田編輯主任出席しその結果同月二十八日本誌の編輯方針等に関する具体事項を附した書類の提出を行ふ。同月十二日右聯合軍情報部から外務省情報部を通じ日本人の生活状態代表参考誌として、本誌の創刊号以来各号数冊宛の買上方要請あり（米本国図書館に出品）十九日提出。更に右聯合軍情報部備へ附の米国の家庭生活に関する書籍雑誌新聞等の借受及転載並に同情報部発表記事の掲載方を許されたるを以て今後会員各位へ報道することを得欣快とする処である。[8]

関係者の内部史料は今のところみつかっていないため、協会とGHQとの間に具体的にいかなるやり取りがあったのかは不明である。しかし日中開戦以降、積極的に、戦争遂行のために国民の組織化を進めてきた同協会が苦境に立たされたであろうことは想像に難くない。

戦前以来の同誌の歩みを「日本人の生活状態代表参考誌」として位置づけ、米国に情報を提供し、「米国の家庭生活に関する書籍雑誌新聞等の借受及転載並に同情報部発表記事の掲載方」を積極的に受け入れる方向を定め、戦後の活動方針を模索したものと思われる。

その露骨な現れが「アメリカの生活に学ぶ（家庭生活の巻）」[9]と題する以下の記事である。

戦争前のわたくしたちは、まつたく井戸の中の蛙であつた。井戸の外には大海のあるのも知らず、お山の大将になり切つてゐたのである。

今となつては、われながら可愛さうな気がするが、今からでも決して遅くはない。われわれはふり出しに戻つて、一年生になり切つて、他国民の長所美点に学びたい。

まづ最初に、アメリカの家庭生活から学ぶことにしよう。しかもそれは、われわれの手のとゞかない上流生活では困る、中流以下の家庭生活の長所美点を教へて下さいと、シカゴから来てゐられる若い兵隊さんにおたづねしてみた。

そして米兵へのインタビューという形を以て、米兵の口から、「規律」「能率」「健康」「家庭娯楽」に留意して営まれているアメリカ人の生活が模範として語られるのである。インタビューは「アメリカでは日本のやうにとりたてゝやかましく修養談義はいたしません。修身といふやうなものはありませんから。むしろ宗教々育が徹底してゐるので、その必要が感じられないのでせうね」とのことばで締めくくられている。日本における「信仰と修養」の欠如を強く想起させることばであるといえよう。連載を予想される「（家庭生活の巻）」との副題が併記されていた「アメリカの生活に学ぶ」であるが、企画は一回のみで打ち切られる[10]。

一九四〇年に改訂された新興生活宣言において「皇道精神」のもとでの生活の立て直しが強く主張されたことから考えると、「アメリカの生活に学ぶ」は大きな転換であるようにも思われる。しかし戦前からの運動の継続性を協会が主張することも可能ではあった。なぜならば新興生活宣言の改訂においても「個人生活と社会生活とを問はず、今尚旧慣陋習に囚はれ物心両面の生活に、矛盾不合理甚だ多く、殊に物質偏重に堕し、功利主義の生活を営む者少しとしない」[11]とされていたのであって、国民生活の合理化はつねに協会が意識していた課題であったからである。また日中開戦以前においては、連載記事「国際生活展望」のように、アメリカやイギリスの生活に範を取る前史もあった。

しかしそれが読者に受け入れられるかどうかはまた別の問題である。敗戦直後の『生活』編集方針は読者との関係をいかに再構築するかを巡って、相当に揺れていたと思われる。「アメリカの生活に学ぶ」が掲載された一九四六年五月号には表紙の誌名タイトルの下に副題として「暮し方指導雑誌」の文字が記されている。しかし六月号、七月号の欠号を経て、一九四六年八月号では「暮し方指導雑誌」の文字が消され、「合理生活より合理社会へ」との副題が現れ、一九四七年二月号まで継続される。

あくまでも推測であるが、戦時下において「皇道精神」の鼓吹を主張し、指導的立場をとってきた『生活』が、いきなりアメリカ的な合理的生活を国民に「指導」する方向に転換することは難しかったのではないか。そして戦前からの継続性を主張するよりどころが「生活の合理化」であったのだと考えられる。

(3) 読者との関係構築の模索

読者との関係を再構築するための、雑誌『生活』の出直し宣言ともいえるのが一九四六年八月号に掲載された「原稿をつのる！」である[12]。

〝生活〟は、ほんとうの意味で、会員各位の雑誌である。上からの「生活指導」の時代は既に終りをつげてゐる。かつての精神的な生活の理解と押売りこそ帝国主義の温床であるといふこともできる。今後の国民生活は大胆に開放され、あらゆる努力をはらつてその向上と合理化につとむべきである。合理化とは単なる生活費の切下げではない。

本協会もこゝに決意を新たにし、新しき「生活運動」を出発せしむべく、その前程として国民生活の実態把握を行ひたいと思つてゐる。生活合理化は冷厳なる現実直視のみより生れるものである。幸に本協会は全国に熱心なる会員各位をもつてゐる。あらゆる地方のあらゆる特殊事情をも知悉しえられる立場にある。一人々が本協会の調査員になつていたゞきたい。そしてあらゆる生活調査の実態報告を行つてもらひたい。それらの事実の総合の上に立つてのみ、新しき国民生活像の構想も可能となり、本協会の運動も始めて軌道にのることができるであらう。

募集原稿

※生計費調査　※保健調査
※物価調査　※栄養調査
※住居調査　※生活指導調査
※その他個々の（例へば結婚費、葬儀費等）調査掲載の分には

薄謝呈

『新興生活』創刊以来、読者からの記事投稿が募られたことがなかったことを考えると、これは大きな編集方針の転換である。「かつての精神的な生活の理解と押売りこそ帝国主義の温床」との言には、戦前期、戦時期の活動に対する協会なりの総括の意図が感じられ、獲得した会員を生活の実態把握のための調査者、報告者と再定義することで、運動の立て直しをはかっていることがわかる。

誌面構成も、精神指導よりも、具体的な生活改善記事（特に食生活改善）中心の編成へとすでにシフトしていたが、物質生活の改善がより強く主張されるようになる。試みに一九四六年九・一〇月号の目次から主要記事タイトルを抜粋する[13]。

筒井政行「粉と薯の上手な使ひ方」
梅原耕「「親切運動」を起せ」
学院農芸部「素人畑（収穫物の処理）」
四屋郁子「我が家の食卓工夫」
守屋磐村「飯炊きの科学」
川島四郎「食糧五題」
「日本生活学院生徒の夏期休暇の研究ノート」
　　飯島和子「私の試みた生活科学化の実際」
　　中村重子「私の郷土食調査」
　　西垣千文「我が家の漬物」
原田一「救援食糧「玉蜀黍」」
渡辺竹四郎「悩める若き友へ」

食への関心が全面的に誌面を埋め尽くしていることがわかる。それはまた読者の最大の関心でもあっただろう。

（4）戦後新生活運動への関与

一九四七年九月からは、戦時期から敗戦直後の編集人であった岸田軒造が編集人を辞し、創刊時の編集部長[14]であった渡辺竹四郎が編集人に就くことになる[15]。

同時期には片山哲内閣が新生活運動を政府の課題として取り上げ、七月二二日には東京在住の約五百団体によって、新生活運動発足大会が開かれ、新生活運動連盟が発足したところであった。その後、連盟の中央委員および常任委員の選出、「衣食住、風習、経済、教育、保健、婦人、青少年、文化、生活科学、国語問題の各部局の担当者」の選定などが進められていった。こうした動きに対しては協会から加藤善徳が準備委員として参加し、加藤自ら中央委員、常任委員、そして風習部責任者に任命された。

この動きについても、加藤は注意深く、政府が発表した「新日本建設国民運動」はあくまでも「国民運動の自発的な展開をねろう《ママ》もので、政府自身がやるのではありません。翼賛会式な官製運動は絶対にやらぬ」と付記している[16]。

国民運動としての新生活運動への参加と編集者一新との関係は明確ではない。ただ大政翼賛会と手を結びながら戦時下の国民指導をおこなってきた協会が、再び国民運動に荷担することに対しては、協会として一定の説明責任を果たさねばならなかったのだと思われる。渡辺竹四郎自身は次のように書いている[17]。

巻頭言

今日の国民生活の実情は、今までやつてきた生活の、単なる一部面の技術的な合理化、科学化などでは、絶対に解決のつかない、ギリギリの行詰りに、当面している。

いまは、個々の家庭生活の技術的合理化に先行して、国民生活全体の合理的設計から、再出発しなければならない。それは社会生活、また家庭生活を合理的に設計しなおし、構成しなおすこと、即ち合理生活への切換えと革命からやり直さなければ、このミジメな状態から脱却できないと思うのである。

共同便所もないのに、立小便をするなと云つてみたり、遅配一カ

月にもかゝわらず買出の主婦をつかまえたりする不合理を、なぜ考えないのであろうか。（中略）

要するにいまは、生活の合理化ではまに合は《ママ》ないのである。生活全体を、合理的に組みたて直すことから始めなければならない。これからのスローガンは、

合理生活から合理社会へ！

でなければならない。これが新生活運動に十余年の体験をもつ、われわれの結論である。

われわれが国民各層からまき起つたこの度の新生活運動に多大の共感をよせ、これが実現のため協力をおしまない所以のものは、これが実現を期待するからである。

一九三五年以来生活運動に取り組んできた自負と共に、戦時期に「一部面の技術的な合理化、科学化」にあれほど真剣に取り組んだにもかかわらず、結局はアメリカに勝てなかった悔しさがにじみでているというのは読み込みすぎであろうか。そしてそれゆえに日本社会の再設計を目指すことに協会の目標をすえるのである。

その一方で敗戦は悪しき日本の姿を明確にした点において、良い出来事であったとする記事も掲載される。その典型的な記事は神田建材社社長の鈴木芃による「戦争に早く負けてよかった」[18]である。

日本は戦争に早くまけてよかつたと思う。しかも相手がアメリカだつたので余計よかつた。どのみち、今ヤラなけれは《ママ》、十年、十五年の未来には、相手がアメリカでなけれは《ママ》、別のつよい国にやられて必ず負けたにちがいない。そうなれば、日本は、今日よりは幾層倍のヒドイ目に逢つたか、幾層倍のヒドイ苦しみ方をしなけれは《ママ》ならなかつたかわかつたものではなかつた。

イタリヤが、エチオピヤを攻めたとき、エチオピヤ土人が、槍を持つて、ハダシで山道をにげまわる写真があつた。彼曰く「いかにイ軍はつよくとも、ハダシにかけてはエチオピヤにはかなうまい」と。私は、その記事を読んでフキ出したことであつたが、日本だつて（中略）東洋のエチオピヤもどきの存在だつたのである。（中略）

負けてみて、あらいざらい、臭いものにフタの日本の姿がわかった。（中略）

負けたからの、混乱からではある。しかし、私共は、日本国民の名において、お互に恥じなけれは《ママ》ならない。こんな日本だったのだ。たゝきのめされて、はじめて自分の姿がわかつたのだ。全日本人は、こゝから徹底的に、自粛自主の精神によつて立ち直らなけれは《ママ》ならない。（中略）

今や、全日本人は、ウソをいう生活、自分だけがよければヒトはどうでもという非社会性的生活、人間的教養の不足な不躾の生活、そういう国民的大欠陥を、ハツキリと自認し、みづからの幸福を、みづから獲得すべく、過去の古着をスッポリとぬぎ捨てゝ、立ちあがらなけれは《ママ》ならないときが来たのである。人、人、人、

――国家の革命は、個人の革命から始まる。

敗戦により、日本の限界を知り、改革へと乗り出そうとする

図式がここにみてとられるであろう。いわゆる「一億総懺悔」がそうであったように、敗戦直後の戦争責任は、開戦責任において問われるよりも、敗戦責任を各自が自らの胸に確かめる形式で問われることになった。『生活』においても敗戦責任を問う総括が次の宣言にみられる。

雑誌「生活」の使命と新発足

一、国民生活は今や崩壊に瀕している。全国民はいまこそこの冷厳な現実に対し、粛然として反省すべきである。偽善と利己と誤れる伝統に袂別し、わが生活を革新すべきときがきたのである。

二、この危機は、新生活の創建なくして突破し得ない。八千万国民の良心から、ほとばしりでる新生活運動のみが、亡びんとする祖国を再興する唯一の鍵である。今は全国民が互いに手を握り、新生活の実行に邁進すべきときである。

三、然らば新生活とは何であるか？

われわれは、敗戦の根本原因が、真理に反する生活態度にあったことを、率直にみとめなければならぬ。利己と偽善と良心のマヒによつて、もたらされた生活から脱却して、愛と奉仕の生活に更生する以外断じて他に途はない。この良心の覚醒に出発し、設計せられた合理生活、これがわれらの云う新生活なのである。

四、雑誌「生活」は、こゝに再興の意気をもつて、この混乱の国民生活に、たかく新生活の灯をかゝげようと思う。即ち生活の各分野にわたり、直接に役立つ研究と示唆と教養とをおくり、全紙面に新しき息吹きをみなぎらせるであろう。

会員各位、ともに起つて、渾身の努力を捧げあおうではないか。

再興の悲願を生活に実現しよう！

新生活運動万歳！

昭和二十二年八月十五日　　財団法人日本生活協会

（『生活』一九四七年九月、三五頁、傍線部は引用者）

こうした一九四七年九月の協会改革は読者に好意的に受けとめられたようである。あくまでも誌面による報告ではあるが、「九月号発行以来、会員がめつきり増してきた。一人で二人も三人も紹介して下さる方がある。日本生活学院の同窓会も、会員普及運動に起ち上つた」[19]とある。

しかしながら、敗戦を契機とした、戦後新生活運動の動きに積極的にコミットしていこうとする協会の運動方針は継続しなかった。

第二節　独立と『生活』

前節のように協会の新しい未来像を示した渡辺竹四郎は就任一年後の一九四八年八月号をもって編集人を降り、九・一〇月号からは二瓶一次が編集人に就く。就任時に『生活』建て直しへの強い意気込みを誌上で語った二瓶であり、雑誌表紙もそれ以前の花をモチーフにした簡単なイラストから、清新な洋風の食卓のイラストへと変わる。

しかしその編集方針は、読者を巻き込んだ運動を企図した渡辺の協会改革を引き継がなかったように思われる。巻頭には詩もしくは文学を題材にとった批評が掲げられ、ここでは生活する心の問題が多く取り上げられるようになる。編集人就任直後に二瓶が記した「こころの泉　ある日の「問題」」[20]と題する記事での主張をみる。


㈠生くるとは生かさせて貰うことなり。何一つ自力にて生命はあるものにあらず。この心を深め行けば生は感謝なり。

㈡当然を越せ。少なくも責任以上に出でよ。第二里を行くというのも、親切というのも、そのことを言うなり。

㈢愛とは与うるが如くして、実は自ら享くるものなり。愛を深くせよ。あいなき生活は沙漠なり。


こうした精神的な生き方を指し示す記事の比重が増すにつれ、衣食住などの現実的な生活に立脚した提言は誌面から徐々に失われていった。また他団体と連携して新生活運動を遂行していこうとする姿勢もみられなくなる。

こうした誌面の変化には批判もあったようであり、二瓶は怒りをあらわにしている。


『生活』はまるで文学雑誌だ」と『生活』を批評した人がある。こういう人は、飲む食う以外を生活と謂わないらしい。

生活とは生きることだという。「生きる」ということを、呼吸し、脈搏し、飲食し、結婚し、出産するという形而下の世界にのみ限ることは、人間が自らを侮辱した低位の思考で、我々の意欲する生活内容とはおよそかけ離れたものである。

こういう人に限つて文学というもの――真の文学というもの――を毛嫌いする。否、嫌うも嫌わないも解らないのである。だから『生活』を文学雑誌だなどと言うのである。[21]

また『生活』創立二十周年記念号にも、「読者から見て二瓶さんからの本誌内容は心の方面に重きを置かれて居る様に思う。私は二瓶さんの主張には殊に感銘もし又好んで読み実行に努力しておるものである」、しかしながら、その一方で「地方におつて生活を愛読するものとしては、今までの様な記事の外にもつと衣食住に関する具体的な記事内容と田舎生活の文学的作品欲を言えば「部落の生態」的な連続したものが欲しい」[22]との会員からの声が寄せられた。

二瓶の編集方針は、生活改善指導を望む読者の声に応えたとは言い難い。

ただ、一九三九年二月に生活館理事を辞任して以来、誌面から姿を消していた山下信義に論考を書かせていることは注目に値する。辞任以来、初めての山下の記事とみられ、最後の投稿となった。長文であるが抜粋引用する。

人間が何をほこり、何を恥じるかは、その人の人生観世界観につながりをもつ。恥ずべからざるものを恥じ、ほこるべからざるものを誇るとき人間は堕落し、恥ずべきものを恥じ、誇るべきものを誇るとき、人は向上するのである。（中略）
ところで旧日本人の最高のほこりは、なんであつたろうか。それは、いうまでもなく建国以来二千六百年、未だかつて一度も敗けたことがないということであつた。ところが今度は、敗けたのである。敗けたも敗けた、史上類例のない敗け方をした。かくして国民は、その唯一の誇りをふみにじられ、まつたくショゲかえつているのである。これをこのまゝ放任したでは、民族の前途に待つものは、ただ滅亡あるのみである。

（中略）朝鮮人が盗みをして捕えられ、せめられるとき、いつも「何だ、日本人はおれらの国をさえとつたではないか」といつたものだ。『勝てば官軍、敗ければ賊軍』とは、昔ながらの通り言葉である。多くの国家が、盗賊とおなじ原理の上に立つているのは、争うべからざる事実である。けれども、国家存立の原理が、そんなものであつてよいのであろうか。

否である。断じて否である。国家存立の原理は、世界文化への寄与貢献であり、その職能は正義の護持、実現でなくてはならぬ。

（中略）

この敗戦を神の前に持ち出すことをせず、たゞ単に、人と人とが争い、国と国とが闘つての敗戦と見るかぎり、敗戦ということは、たゞイマ〳〵しいことであり、くやしいこと、残念なことであつて、そこから生れるものは、よくて復讐観念、わるくすれば自暴自棄、虚脱状態などで、よい何ものも生れてはこない。

しかるに、もしこれが人を通し、国を通して、神からきたもの、父のわれにたまう杯、すなわちわれらが神に、わが国が神の国に無条件降伏絶対服従をしたものだとなると、人世これ以上貴いこと、幸福なこと、光栄なことはない。

憲法をもつて、今から後永久に、海陸空にわたる完全な武装解除を宣言し、どんなことがあつても、ことを戦争に訴えないと断言したのである。かくしてわが行くたゞ一つの路として平和国家、文化国家の建設のみが残されている。これが現実のわれらの祖国である。（中略）

『汝ら世にありて悩みあり』どうせこの世は、悩み多い世の中である。まことに「もし善を行いて苦難を受くること、神のみこゝろならば、悪を行いて苦難を受くるに勝るなり」で、この国家的民族的大使命のために、戦争中特攻隊として発揮したような、民族精神を発揮することができるならば、日本は世界人類のために、どんなにすばらしい寄与貢献ができるであろう。そのとき、日本ははじめて、世界人類から、感謝と尊敬とを受けるに、値するのである。これを思うと、われらの胸はおどり祖国の前途に、洋々たる希望を見出すのである。[23]

世界と人類のために貢献するためには日本人の生活はいかにあるべきか、という戦前期以来の問いかけがなされている。また敗戦を「神」の声としてとらえ、そして平和国家、文化国家建設を推し進めることこそが「国家的民族的大使命」であると説いている。

しかしながら、緊迫する世界情勢のなかで日本人の生活のあり方を考えようとした、こうした思考枠組みは『生活』からは急速に失われていくことになる。

たとえばサンフランシスコ講和条約が発効し、独立が実現する前後、一九五二年三月号および四月号において、二瓶一次は再軍備の必要性を激烈に主張している[24]のだが、その主張は生活へと結びつけられない。すなわち「現下の日本は、甚しくその状態が二・二六事変当時の状態に似て」おり、国内分裂を防ぐために再軍備が必要であるとするのである。二瓶は一九五二年の国内情勢を二・二六事件当時の情勢と比較して、次のように述べている。

あの時の日本は戦勝国であった。今日は敗戦国である。
あの時の武力革命部隊は右翼であったが、今日は左翼である。
あの時の行動部隊は国体尊重派であったが、今日は非国体主義者である。
あの時の叛乱指揮者は唯心的思想者であったが、今日は唯物的思想者である。
あの時の革命主動体は軍人であったが、今日は民間人である。
あの時の外部煽動者は（北一輝以下）地下の存在者であったが、今日は鉄のカーテンにかくれたクレムリン宮である。
あの時は国内に限る連関であったが、今日は国際的連関を持つものである。
あの時は軍と軍との対立であったが、今日は国民と国民の対立になる。

そして米ソの対立という「大きな輪」と「中国や朝鮮のように、国民が他国に乗ぜられて……国内に暴力革命の起きる不安」という「小さな輪」に日本ははさまれているのであり、「事態が起きれば、後押しが後押しだけに、二・二六事変などとは較べものにはならず、この小さな輪は、たちまちに波紋を起して米ソ戦から世界大戦に発展する可能性が充分なものがある」。それゆえに、この「小さな輪」に対応する軍備が必要とする議論を展開し、「神がかり的な」再軍備反対者を否定するにとどまるのである[25]。

『生活』誌の編集人でありながら、国際情勢の緊迫を前にして、二瓶の筆はあくまでも武力による治安の維持を訴えるのみであって、冷戦下で日本人がいかに生活すべきか、との問いへとは発展しない。

同時期の新生活運動と比較するとそれが明確になる。

たとえば人口問題研究会は家族計画の普及を新生活運動の課題として取り上げることを通じて、企業を主体とする新生活運動の会は「企業の合理化」を通じて、アメリカからの経済支配を脱し、「経済の独立」を達成することを目標にかかげた。

また読売新聞社が発行した『月刊新生活』は「国民一人一人の自覚ある生活の上」でなければ「真の独立」は築きえないと訴えかけた。

いずれも、講和が実現し、形式的に独立が達成されたことによって、逆に「真の独立」の欠如が浮き彫りになったことを感じ、厳しい国際情勢のなかで、日本人の生活がいかにあるべきかを問いかけた運動であった[26]。

戦後日本の新生活運動は三つの大きな流れがあった。①日本国憲法の制定をうけて、敗戦後の「民主」的な諸法制を体得した国民を創成し、その国民的基盤の上に、新しい戦後日本を再建していこうとする動き、②サンフランシスコ講和条約の発効を契機として、国民一人一人の自覚ある生活を土台に「真の独立」を勝ち取っていこうとする動き、③自主外交路線をとった鳩山一郎内閣の呼びかけを契機として、国民の生活を新しくすることにより冷戦下における民族自立を達成しようとする動きがそれである[27]。

協会は渡辺竹四郎の改革によって①に追随し、新日本建設を希求するエネルギーを吸収する動きはみせたが、②には反応しなかったのだといえる。

第三節　新生活運動協会の設立に対して

さて、一九五二年四月二八日占領の終了にともなって、佐藤生活館の接収は解除されたが、引き続き米国大使館員宿舎として貸し出されていた[28]。しかし、翌一九五三年八月二二日に「突然人員整理のため不用になつたからと契約の解消を申込まれ、交渉の結果十一月」二六日に引き渡されることとなった。九月から引き渡し日までに一〇回の理事会が開かれ、「全館を貸して他に事務所を持つ」などの案も検討されたが、結果的に「一部を貸して館内で事業をしてゆく」方針が取られた[29]。そして宿泊施設が山の上ホテルに貸し出され、現在に続くことになる。一九五四年一月には誌面にて佐藤生活館の返還を報告している。

> 終戦後、アメリカ側による神田駿河台本館（表紙写真カット）の接収以来、生活協会は、事務所を三鷹の日本生活学院内に移し、雌伏の状態を余儀なくされ、わずかに事業の一部を継続して今日に至りましたが、今回漸く待望のスルガ台本館が返還され、本来の面目を回復することになりましたことを、昭和二十九年の年頭に当り、会員誌友諸氏らにお報せ出来ますことを、欣快といたします。

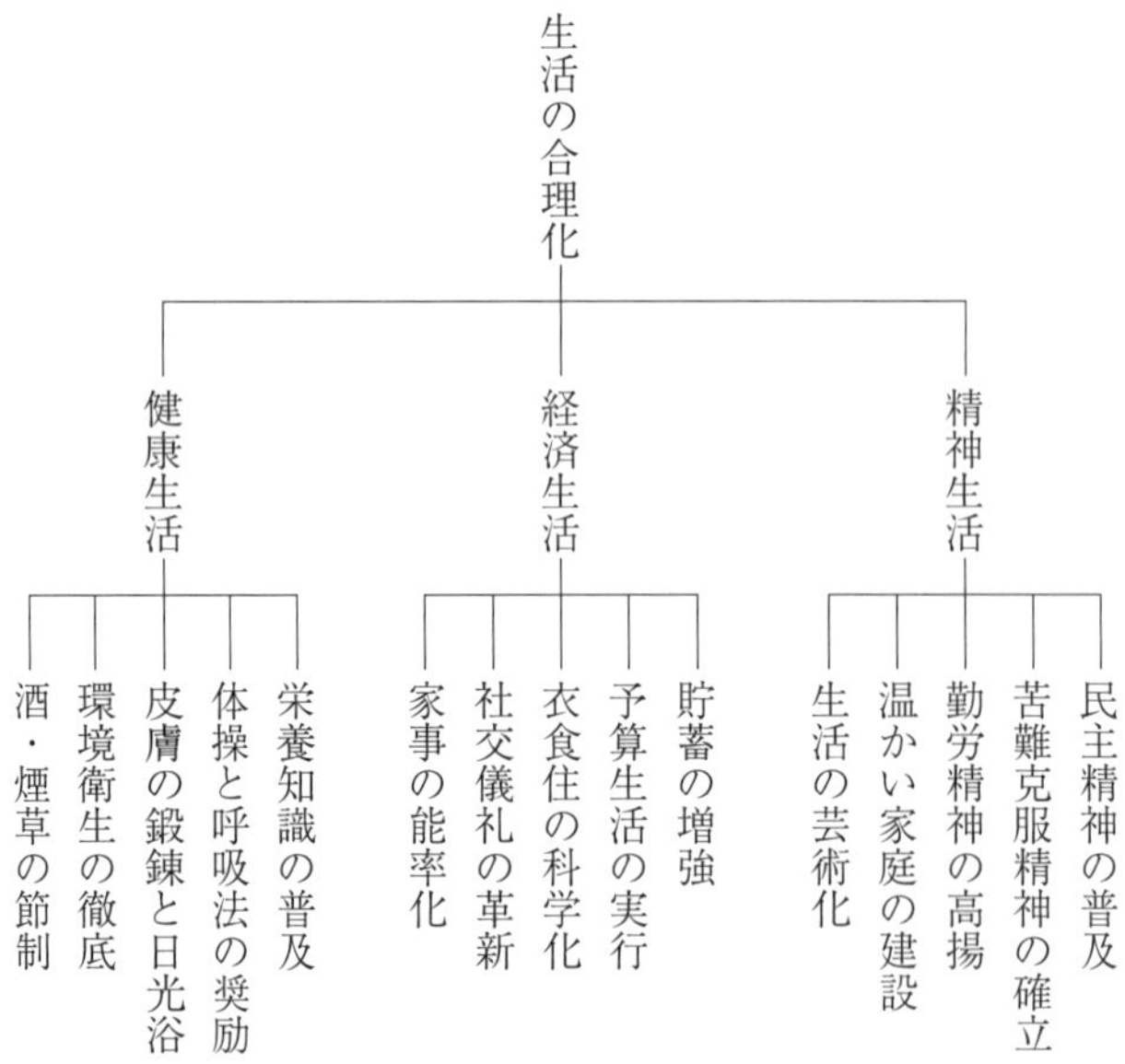

備考:『生活』1955年７月、表紙裏より引用。

図５－１　日本生活協会「強調事項」

生活協会は旧年末に本館に移り、目下協会役職員一同創立の目的である物心両方面に亘る、我が国民の生活センターたらんことを期し、新しき構想の下に種々計画の準備中であります。（中略）

昭和二十九年一月

財団法人 日本生活協会[30]

一九五五年五月号から編集人は二瓶から渡部信義にかわる。そして同七月には日本生活協会の「強調事項」として図5－1が掲げられる。「精神生活」「経済生活」と並び、「健康生活」が挙げられ、「呼吸法」「皮膚の鍛錬」「酒・煙草の節制」といった具体的事項が挙げられている点が、創立当初から健康への関心を持ち続けていた協会の特徴といえるだろう。

誌面をみると、独立以降、物質的な困窮が改善されたからか、食に関する論文は減少し、健康に関する記事がやや多くなる。そして二瓶編集人時代にも増して、生活を運動としてまとめあげようとする動きからは外れることとなる。すなわち、国民の生活不安からエネルギーを受けて新生活運動を進めようとする勢いが誌面から全く感じられなくなるのである。

この時期の社会時評を担当したのは三田賀静である。

先述の通り、同年には、鳩山内閣が新生活運動を提唱したことを契機として、新生活運動協会が設立されることになるのであるが、創立されるまでにいたる流れに対しては一貫して一定の距離をおいている。

鳩山内閣は組閣早々に、行政費の節約、綱紀粛正に関し閣議をおこない、公邸の使用廃止、大臣護衛の廃止、公務員と部外者とのマージャン、ゴルフなどの禁止を打ち出し、新生活運動のスタートとした。これに関して三田賀は好印象をもって受け止めているのだが、協会も積極的にこの運動に参加する方向には議論は向かない。「一部の国民や反対党の連中」がこの運動に対して「選挙目当の宣伝だなどと揶揄し冷眼視」したことを批判することに全力を費やしている[31]。そして次のように文は続く。

印度、ビルマ等に於いても、第二次大戦後の情況は中共に比して劣らないだけの新興の意気をもつて建設に巨歩をすすめている〔。〕その他東南アジアに於ける新興独立国、インドネシアにしろ、ヴエトナムにしろ、みな活発な建設の槌音をあげている。これらの国々がこれから十年の後には、どのような国勢を盛り上げることか。その興隆振りは決して想像に難くないのである。東南アジアの諸国を後進国などと下に見ていた日本が、いつか追いてけぼりをくわないと誰が保証しうるものか。

東南アジアにおける新興独立国の勢いについて触れており、日本の現状を危惧してはいるのであるが、これ以上議論を展開させることはない。

また新生活運動協会発足についても次のように記す。

あの何でも自由にやれた戦時にさえ、生活改善運動のかけ声が、どれ位国民の中にしみこんで成果をあげたか。敗戦後とは云え、あの終戦前後の、代表的に云つていわゆる指導層の生活態度はどうだつたか。まして現在は戦時ではない。どんなことが出来るものかと云う声もある。

ソ連や中共の建設事業が着々成果をあげている時、国を復興し国民の生活を向上させるために、新生活運動が必要とされているのに、どうしてこう傍観的な声が多いのか。[32]

新生活運動に対する諦めの念がにじみ出てはいないか。そして、「現下の日本を復興し国民の生活を向上させるための新生活運動は、内閣が変つても是非必要である。しかし、それはなかなかむずかしいことだが、国民の生活統制色を出さず、自発的にもりあがるよう配慮し進められねばならない」と論評するこの論考は一貫して、協会こそが新生活運動の傍観者的立場に立っていることを想起させる。

一九五一年度以来選定されている読売新聞社主催の「全国新生活モデル町村（団体）」についても表彰された町村を紹介するにとどまり、町村の生活改善に積極的に関わっていこうとする意図は感じられない。また同時期の新生活運動では結婚の改善（簡素化・合理化）も大きな課題となり、『生活』でも結婚関連の記事は存在する[33]。しかし結婚する年齢や学歴、費用などのデータが紹介されるのみであり、結婚にまつわる現実的な課題を洗い出し改善しようとする姿勢もみられない。

渡部が企画した連載記事で特徴的なものを挙げる。

まず一九五五年一月から七月に岩田光俊による「生活に取り入れたい般若心経の原理」である。般若心経の解釈がなされているが、タイトルとは裏腹に、物質生活や実生活から切り離された次元で、精神生活が論じられている。

また一九五六年三月から厚生事務官の林静一郎が執筆した「誌上国立公園巡り」は長期連載企画となった。国立公園を一箇所ずつ紹介するこの企画は、国立公園が一巡すると国定公園、そして保養温泉地の紹介へと引き継がれ、一九六一年六月まで連載された。特に一九六〇年一二月までの各号の表紙にはそれぞれの公園、温泉の写真が掲載された[34]。旅行への誘いでは、消費への関心が誌面上にあらわれたものといえるのかも知れない。ただ「温泉巡り」となってからは宿泊施設や交通などの観光面での紹介が主となったが、初期の「国立公園巡り」には、観光情報だけでなく、各公園の風土、歴史を紹介し、その自然的、文化的な価値を読者に広めることに力点がおかれていたように思われる。

さらに、伊福部隆彦に依頼して連載された「老子の道」[35]は一九六一年一月から一九六五年四月までの実に五〇回にわたる長期連載となった。国民の生活を直視することから運動を立ち上げるのではなく、あるべき理想の生き方を提示する方向で誌面が組み立てられたのだと思われる。

そのような方針が取られた理由は何であったか。高度成長期を捉えた次の記事をみる。

戦後十数年になるが、現代の世情というものが、それ以前とは相当違つたものをただよわせていることは誰でも気づく事実である。現代社会のいろいろの事象、気風というかムードというか、そういうものが、かつて戦争以前には見られなかつたところが多い。

しかしそれは戦争によって突然に起つたというのではないが、戦争を境にして、それを通うして、人間の内部にかくされていたもろもろの性向が、拡大的に表面化し、時代のいろいろな道具立や生活手段とマッチして、ドぎつく社会をぬりたてているのである。とにかく現代社会の異状さは戦争によつてもたらされたものであることは認めなければならないであろう。（中略）

驚くべき経済生長を称えるうちに、悪徳と退廃の跳梁。

消費ブーム、レジャームードのレクリェション行楽の大繁盛。

交通難、衝突、事故。

そういう社会の気流の中で育つた青少年の非行の堆積。世の中はかくのごときものと考えるしかない彼等の当然の行為である。[36]

戦争を境にして生じた、良くない性向が一九六〇年代になってもいまだ継続していると評価する三田賀には、高度成長のなかで消費を肯定的に捉え、そのなかでの生活を見つめなおそうとする新たなエネルギーが生じていることが読み取れていないように思える。「大衆」への諦めも次の記事に吐露されている。

大衆というものは、思想や政治などに、直接関心を持つものではない。ただ毎日目の前の仕事を積み重ねて生活を追っている（ママ）。だけである〔。〕だから物資が窮迫して左翼的行動をした方が得だということが直接実感された時には左翼化もするが、そんな必要がなくなれば目の前の生活に関心をもつだけで、廻り廻ってそうなるというような政治などというものには、そう関心を持たないのが本来である。（中略）左翼ばかりでなく、右翼運動などにも関心を寄せることは少なく、それらの運動が、すぐ直接には別に利益をもたらすことがないので、一般は無関心で、ある少数者の範囲にとどまることになろう。[37]

新興生活運動が創立した際にも、「全盛期」においても、人々は「ただ毎日目の前の仕事を積み重ねて生活を追ってい」ただけかもしれない。しかしそうした「目の前の生活」に持つ関心（=エネルギー）を組織し、「東洋の日本の青年はいかに生活すべきか」「時局下の国民はいかに生活すべきか」の問いに形を与えることによって、かつての生活館は運動を巻き起こした。三田賀はそうした形での運動を志向しなかったのだといえる。

このことは同時代の新生活運動協会の動きと対比するとより鮮明となる。

一九六〇年代半ば以降の新生活運動協会は、高度成長による社会変動によって生じた生活上の課題を具体的に解決し、生活学校という「しくみ」を用意した[38]。また運動の対象を従来の「国民」から「生活者」へと切りかえ、「生活者」が企業や行政といった異質の存在と「対話」し、社会開発への「自発的参加」を促す場を用意しようと試みた。同時に、そこには「生活の質を問うエネルギーを社会的連帯へと振り向けさせようとするねらい」が込められており、まさしく一九六〇年代の生活のエネルギーを運動へと取り込もうとする試みであった[39]。

新生活運動協会にて、一九六〇年代に対応した運動のあり方を模索した加藤千代三が、『新生活特信』創刊号に記した次の言葉[40]と比較する時、そのことは一層明らかとなろう。

新生活運動は、これを推進する活動の部面で、いま最も基本的な二つの課題に当面している。その一つは、住民自身のこの運動に対する理解と認識そして受けとめ方にいぜんとして混迷があることであり、これにどう対処するかという問題である。いま一つは、この運動展開の社会的な基盤がここ数年の間に異常なほどの変貌をみせ、さらに今後も予測し難いほどの変貌をつゞけるであろうことであり、これに対応するために、どう運動を位置ず《(ママ)》けるかという問題である。

（中略）この運動は、ともすると生活合理化の運動、消費の節約運動という認識で受けとめられる傾向がつよかったのである。一度もたれたこのイメージは、容易に消えようとしない。（中略）

これに対処するためには、まずなによりも運動の実践的な展開の基盤つまり生活の場の実体を正しく把握することである。そして、それに適応した推進措置を講ずるのでなくてはならない。つまり概念的な把握ではなく、科学的な分析の上に立っての措置を用意すべきである。つぎには、運動の正しい主旨とそのあり方を、住民の一人一人に徹底的に納得させ理解させなければならない。それには、家族ないしは近隣同士のような日常的な生活小集団の中にこれを持ち込むしくみを工夫しなければならない。（中略）

社会的基盤の変貌に対応する措置にしても、全く同じことがいえると思う。肝要なことは、これら変貌の流れの中に、お互いの共同社会における危機感を感じとることである。いま当面する社会的変貌が、なにを原因とするものであれ、お互いの生活並びに生活の場に異常な変化をもたらすものであるかぎり、そこに危惧と不安と動揺が伴うのは当然である。しかしお互いはたゞ単に危惧し、不安動揺をくり返すだけでは、生活をたかめ、生活の場をよりよくととのえることはできない。（中略）

いま当面しつつある社会的基盤の変貌は、好むと好まざるとに拘らず起りつつあるものである。お互いは、好むと好まざるとに拘らず、この流れの中に溺れつつある。そこにお互いの時代的な危機感がある。お互いは、溺れていてはいけない。願いと意志と努力とによって、最も正しくこの流れに方向を与えなければならぬ。

高度成長がもたらした社会基盤の変貌を善し悪しで判断するのではなく、新生活運動の前提条件として捉え、ただ時流に流されるのではなく、「生活の場の実体」を正しく把握したうえで、方向性を与えることにこそ新生活運動の意義づけを見出だしていることが読み取れるであろう。

高度成長下の生活変化を前にしたときの、日本生活協会と新生活運動協会の対応の差異は、生活のエネルギーが運動となるか否かの重要な分岐点を示しているのだといえよう。

第四節　『生活』再々出発

（1）協会の方針をめぐる混乱

一九七四年に入り、財政的窮乏によりついに協会は「雑誌『生活』を中心に、社会教育活動をつづけて」きた運動方針からの転換を余儀なくされる。最初に考えられたのが、三鷹市の生活学院跡地を利用して、社会福祉法人を設立し、老人福祉に取り組むことであった。そのため「長らくご愛読いただきました本誌も、衣がえのため七月号を休刊し、八月号から社会福祉法人栄光ハイム（仮称）設立の機関誌をかねて面目を一新、新しい酒を盛る新しい革袋として、B５判八頁の小誌として再刊いたすことになりました。」と会長佐藤浩司自身の署名による報告がなされている[41]。

一九七四年六月号まで編集人をつとめつづけた渡部信義は、協会理事の経営責任を問う声[42]を残しつつ職を辞し、「栄光ハイム（仮称）」の機関誌の編集者として、加藤善徳が招かれることとなった。

しかしもう一度そこから事態は転回する。すなわち「昨年来のインフレの亢進により、建築費が暴騰し、ために当初予定した自己資金の範囲では、先に企図した老人福祉を目的とする社会福祉法人の設立は、着手不可能」になったのである。そのため「財団法人の強化をはかり、陣容を立て直し、同時に創立者の意図した「新興生活館」設立の原点に帰り、今日的要求をふまえた新生活運動に着手すべきである」との方針に立ち返ることとなったのである[43]。

そして小誌を編集するために招かれた加藤が『生活』の編集に携わることになる。加藤は戦前期の新興生活運動にも深くコミットした人物である。再び『生活』編集に携わることになった感慨を次のように記している。

本誌の編集を終えて、このお便りを書く編集子に個人的な感懐をお許しいただけるならば、万感こもごも至るとでも形容したい思いがいたします。

というのは、今から四十年前、私は本誌の前身である『新興生活』創刊号の編集を担当した者だからであります。星霜四十年をへだてて本誌の発行兼編集者になろうなどとは、夢にも思わない事でありました。

前会長の晩年に、本協会の非常時だから、助けて欲しいとの懇請に応えて関係した事の故に、このペンを握るめぐり合せになりました。今はそれについて委しく語る余白を持ちませんが、会長没後令息である現会長が就任され、老人福祉に転進することとなり、乞われて私が本誌の発行兼編集人となった次第であります。その折には、本誌は新しく生れる社会福祉法人のPR紙ということで、一枚刷り程度のものを考えて、すでに原稿もととのい印刷所に渡すばかりになっていましたところ、巻頭言の会長のあいさつのような事情で、急に本誌がこのような生活指導誌として、再出発をすることになり、にわかに編集方針を換えることになりました。（中略）

私は常日頃、雑誌の編集者は、少くとも五〇歳代以下であるべきだと考えておりますので、幸いに助手をつとめてくれる村山壮人君は、まだ二〇代の青年でありますので、一日も早く彼にバトンタッチをし、若々しい編集に切りかえたいと念願しています。[44]

加藤が立ち返ったのは新興生活運動の原点であった。毎号山下信義の言行録が掲載され、そして加藤自ら「新興生活運動物語」を連載した。一九三九年に生活館を離れ、戦時期の「全盛時代」を外部で過ごした加藤だからこそできる、創立時の山下の路線への「原点回帰」であったかもしれない。

加藤は一九七六年三月まで編集人をつとめ、その後右の引用にあるように、一九七六年四月からは村山壮人にその職を譲った。しかし村山は元来老人福祉施設立ち上げに共鳴して協会に参加した人物であり、すぐに職を退く。そして「多年食生活指導関係の編集出版を手がけて」きた白井和男が後を継ぐ[45]。そして白井が一九九四年の『生活』休刊まで編集をおこなうことになるのである。

このような動きをみれば、協会および『生活』が全くの死に体であったようにも考えられる。しかしそれから二〇年弱、『生活』は生き長らえることとなるのである。雑誌を支えるのが読者であるのならば、『生活』は読者の声に応えることに成功したのだと思われる。

(2) 川島四郎の海外情勢認識

白井が雑誌再建の核としたのは川島四郎の起用であったと思われる。川島は一九七七年一月号から「食生活の科学」(のち「生活の科学」)を連載しはじめ、連載当初は、各回のタイトルが雑誌表紙にて毎号紹介されている。

川島は一八九五年に生まれ、一九八六年まで生きた栄養学者である。陸軍大学経理部、東大農学部農芸化学科を卒業した後、陸軍糧秣本廠に勤務し、軍用糧食や航空糧食などの研究に従事した[46]。その後は栄養と食糧関係の著書を数多く残し、食糧産業研究所所長、桜美林大学教授などをつとめた。

川島は玄米食に対する評価などの記事[47]も執筆したのであるが、連載中もっとも目を引くのは、海外の生活を紹介する記事である。特にアフリカとアジアに関心は集中した。川島が執筆したアフリカ・アジア関係の記事タイトル一覧を表5－2に挙げた。

川島の論考においてアフリカやアジアはどのようなイメージで取り上げられるのだろうか。川島が記した「原始土民の食物の勘」[48]をみる。

同記事は、アフリカのマサイ族、ポコット族、トルカナ族、キクユ族がそれぞれ魚や肉を食べる際に、焼かずに煮て食べることについて触れている。料理法としては火で炙ればよいだけの「焼く」に対して、「鍋かボトルか、とにかく水をいれて漏らない器物はいるし、鍋をのせる火床を」設けねばならない「煮る」は手間がかかる。それにもかかわらず焼かないのは、中心部が生焼けになり殺菌・殺虫が不充分になることをおそれてのことではないかと、もともと川島は推測していた。

しかしワシントン大学の研究チームが、ハンバーグを強い熱で焼くと発癌性物質が生み出される可能性があることを発表したことが一九七八年六月の『週刊新潮』などで取り上げられたことを受けて、川島は次のように記すのである。

> 肉や魚を焼いて食うことが、彼等のタブーになっている。小難しい科学的知識も、癌の発生の理論も皆目、識らないが、「肉や魚は決して焼いて食うものではない。必ず煮て食うものだ、と暗々

表５－２　川島四郎が『生活』に寄稿したアジア・アフリカ関係の記事タイトル

（1977年10月～1980年12月）

連載名	連載回	刊行年月	掲載頁数	記事タイトル
食生活の科学	9	1977年10月	8－9	アフリカ原始住民生活の知恵「瓢箪」の活用
食生活の科学	10	1977年11月	20-22	駝鳥の卵を食う（アフリカ奥地研究調査、ケニヤ第二キャンプにて）
食生活の科学	11	1977年12月	8－11	アフリカ原住民の生活から学び得たこと
食生活の科学	12	1978年１月	8－13	湖水の魚を主食にしているトルカナ族
食生活の科学	13	1978年２月	17-19	原始的な生活道具―アフリカ奥地の原住民―
食生活の科学	14	1978年３月	22-24	牛の血を喰べる―東アフリカの奥地、ボコット族の部落にて
食生活の科学	19	1978年11月	4－6	原始土民の食物の勘
食生活の科学	20	1978年12月	4－5	アフリカ奥地、原始食の探求　麒麟（キリン）の肉を食う
生活の科学		1979年10月	4－6	第四次アフリカ原始食調査　マダガスカル島縦走記（その一）―日本の食糧危機の対処策を求めて
生活の科学		1979年11月	4－7	第四次アフリカ原始食調査　マダガスカル島縦走記（その二）―日本の食糧危機の対処策を求めて
生活の科学		1979年12月	10-13	第四次アフリカ原始食調査　マダガスカル島縦走記（その三）―アフリカの果ての人力車
生活の科学		1980年１月	10-11	第四次アフリカ原始食調査　マダガスカル島縦走記（その四）―マダガスカルの街
生活の科学		1980年２月	4－7	第四次アフリカ原始食調査　マダガスカル島縦走記（その五） ―生きている化石の魚、シーラカンスを訪ね訪ねて
生活の科学		1980年３月	8－10	マダガスカル島縦走記（その六）　質素な島民の食生活―日本の贅沢への反省
生活の科学		1980年６月	4－6	インドの生活を観る（その１）　気の毒な賎民たち―インドの悪制度―
生活の科学		1980年７月	8－10	インドの生活を観る（その２）　うす濁りの水
生活の科学		1980年８月	8－10	インドの生活を観る（その３）　インドの女性とサリー（着物）
生活の科学		1980年９月	8－10	インドの生活を観る（その４）　インド賤民の食べもの
生活の科学		1980年10月	8－11	インドの生活を観る（その５）　カァキー色軍服の縁起

備考：原タイトルをそのまま引用したため、表中には不適切な表現もある。

裡のうちに一つのルールになってしまっている」のではないだろうか、と私には思えるのである。

（中略）簡単に「焼く」という料理法があるに拘らず、敢えて「煮て食う」ことをしているについては、こうした深い仔細（発癌という）のあることを永い経験の上から感得して「焼くことをタブーにして」いるのではないだろうか。

また表５－２には、川島によるアフリカ原始食調査記録も含まれているが、これが人類の長い経験に基づく叡智をアフリカに求める考えに基づいていたことは想像に難くない。

一九八〇年夏に国立科学博物館にて、北京原人展が開催され、川島も足を運ぶ。北京原人の食生活については、発掘時に時を超えて残りやすい獣骨が同時に出土することや、展覧品のなかに肉食を想像させる「大きい動物と闘い争い凄惨な光景」が描かれがちであるため、肉食中心であると理解されがちだが、川島は否定する。原人の歯の形状と数をみて、「植物性食品を多食し、肉食人はずっと少な」かったであろうと指摘している。そして「これが生物（動物）としての人間の正当な歯（それに合う食物）だと信ぜられる」のであると締めくくっている[49]。すなわちアフリカに向ける視線と同じ視線を北京原人にも向けるのである。

世界保健機関の報告によると、一九八四年に日本はスイスをしのいで世界一の長寿国となった。そして、そのときのアフリカでは平均寿命が日本の半分の三五歳前後[50]であるとされており、肉体的な健康の秘訣をアフリカに学ぶのはいささか転倒していると思われるのだが、川島には意識されない。

「原始」ないしは自然の価値化は一九八〇年代の重要な点であると思われる。また別の記事でも、味をつけない自然の味はうまさがほどほどであるため、病気の原因となる「食い過ぎ」におちいらないとしている。「人間以外の動物は自然に在る自然の食物をそのまま味をつけないで食べている。そして健康で長寿を全うしている」[51]と断じている。

この時期『生活』誌上でアフリカに注目したのは、川島だけではない。たとえば唐木秀夫も、川島と同様の視点からケニアのマサイ族の食生活調査記事を寄稿している[52]。

こうした記事の背景には、一つには長寿が実現しつつあることにより、さらなる健康への関心が高まったことがあろう。一九七九年一〇月号より裏表紙に、主として健康を意識した標語が掲載されるようになり、休刊時まで続く。表５－３に一覧を付した。この標語は、同時期の『生活』の雰囲気をよく伝えている。すなわち健康や病気に関する極めて具体的な情報を掲載することによって、読者を獲得する編集方針がとられているのである。

他方で、創刊以来、『生活』（『新興生活』）が一九八〇年前後に至るまで、ほぼアフリカを取り上げてこなかった点[53]からも考えてみたい。創刊時から戦後にかけて、協会（生活館）は一貫して、合理化を体現する存在として欧米諸国を模範として扱ってきた。そして競うべき存在としてアジアを想定していたといえる。一九八三年四月から一九八四年一一月にかけて「アメリカ　聞き・喋り・食べ回り記　南部テキサスの田舎で三週間

表5－3　『生活』裏表紙に掲載された標語一覧（1979年10月～1982年12月）

	1979年	1980年	1981年	1982年
1月	－	（掲載なし）	食べすぎ　のみすぎ ふとり過ぎ	「おれは達者」 危ないその無理 その過信
2月	－	暴飲暴食、病のもと	連休を ごろ寝ばかりで 邪魔にされ（2月・3月共通）	くよくよせずに おおらかに
3月	－	偏食は病魔のえじき		病は気から 不摂生から
4月	－	歳忘れは 長生きの一策	速歩五千で築く健康	毎日散歩で 脚の老化を防ぐ
5月	－	長寿には せくな　過ぎるな かたよるな	疲れたら ぐっすり眠って すっきり回復	健康は早寝早起き よく歩く
6月	－	りくつだけ　知って る健康　からまわり	寝ても　醒めても 手足の運動	不平不満は 病魔が襲う
7月	－	抜かれても　健康マ ラソン　マイペース	永続き　できる程度 の　体操を	こころは何時も ほがらかに
8月	－	ルールは一つ　自分 の健康　自分で守る	乱療の果てに行きつ く　自然食	栄養のバランス とったよい食事
9月	－	おこってばかりは ストレス　たまる	米麦混合いつも健康	手作りの野菜で 食卓賑やかに
10月	一家揃って早寝早起	笑いは　薬にまさる	生まれながらの 長老なし	歩かずに　やたら乗 るくせ　悪いくせ
11月	老化でなく 老美、老華	肩こり　腰痛 姿勢を正せ	栄養のバランスくず す好き嫌い	酒はほどほど たばこはのまぬ
12月	腹をたてずに 気を長く	よく眠り　よく食べ よく出し健康体	（掲載なし）	（掲載なし）

の生活体験」が一九回連載されており、この時期でもアメリカへの強い関心は衰えたとはいえない。しかしアメリカを懐疑的にみる視点も生まれてきている。

たとえば「アメリカだより　日本料理が人気に－ニューヨークで－」[54]においては、「多くの人種がひしめき、うんざりするほど広い国土を持ちながら、食事の原型が画一化されていることは奇妙であり、まさにおどろくべきこと」とし、「米国式文明生活」ほど「すばらしいものはないと信じ込んでいる」米国人を揶揄している。「ハンバーガーとコーラという無神経な味の組み合わせ」「無味乾燥（?）な米国の味」をうみだした米国人は「どこへ行っても同じ味、平均化された料理を〝味わう〟ことで、世界一の文明国に生きていることの安心感と連帯感を確かめ合っているのかも知れない」とする。そして米国でも「食生活の多様化への傾向」がみられ、日本食が受けいれられている事情へと議論は展開している。

次にアジアへの視点を確認したい。

しかし川島がアフリカに「原始」に学ぶ精神をもって接した態度は、アジアに対しては適用されない。表5－2にある一九八〇年六月から一〇月に連載された「インドの生活を観る」シリーズでは、「カースト制」に苦しめられた「賤民」がいかに不衛生であり、不道徳であるかを語り、憐れみの視線を向けるのみであり、そこから何かを学び取ろうとする姿勢は全くみせない。

川島をはじめとする執筆陣にみられる欧米、アジア、アフリカをめぐる視線は、「ジャパン・アズ・ナンバーワン」の自信に裏付けされた思想的枠組みとまとめることも可能であろう。

(3) 川島四郎が望む未来

川島四郎は一九八一年一二月号に寄稿した「日本の食糧の将来を考えると」[55]と題するエッセーにおいて、二〇〇〇年～二〇二〇年頃の日本の姿を「想定」している。冒頭は衝撃的である。

> 北海道は一たんはソ連に占領され、函館は軍港となり、ソ連の東洋艦隊の根拠地となっていたが、世界中からの囂々（ごうごう）たる非難の声を浴び、それにソ連国内の内紛的革命の兆と米国の強制により、渋々北海道から手を引いた。

そして外交方針が変化していたアメリカは「黄色人種の日本を助ける」より、イデオロギーは違っても白人国家であるロシア（ソ連）を選び、ソ連の北海道侵攻にあたっても、日本を助けないものとして描かれる。

しかしこの想定はハッピーエンドで終わるのである。すなわち北海道という「緊密な穀倉、畜産と水産の蛋白質の給源地」をソ連におかされ、次いで始まった中ソ戦の結果、食糧輸入が途絶し、膨大な人数の餓死者を出して日本の人口も四五〇〇万人まで減る。しかし「かつて第二次世界大戦で大敗し、足も腰も立たぬまでにやられたにも拘らず、間もなく立ち直り、オリンピック大会を日本に招き、大阪に万博を開くなど」「底力を示し、異常なほどの経済成長をとげた」日本は、「元来が優秀な日本民族」であるがゆえに、見事な再起勃興をはかるとされた。「しかも人口が半減したため、人口と食糧とのバランスがとれて、食糧の自給率も九二％」となり、「昔に比べて今は暮しいい国になっている」と締めくくられるのである。

上記は、有事の際に国民に確保できるカロリーの「試算値」を農林水産省が発表したことに触発されて書かれた与太話ではある。しかし一九三九年末、日中戦争下において食糧需給が悪化しはじめた際に、そのことを憂えるよりも、日本人の食生活を見直す好機として受けとめた精神（第二章第三節）が一九八〇年代になってもなお息づいていることに驚かされる。

「世界の珍しい食物」[56]においても、「いかもの食い」の例として、鼠（中国）、蜥蜴（パナマ）、泥鰌（日本）、かたつむり（欧州）、蛸（日本）、犬（朝鮮・九州）、虫（信州など）、豚の頭（中国）などを挙げ、「日本は最後に遠くない将来、食糧について非常な困窮状態に陥ることは必至」であり、その際には「口に入るものは何でも食べるという理解と勇気を持って立向わねば」ならず、その覚悟を平常から持っているべきことが主張される。

ただ川島が紹介する記事は幅広く読者の興味を引く内容をも含んでおり、「いつも川島博士の「食生活の科学」を楽しみに読ませていただいています。八四歳の先生が毎夏、単身で出掛け、食糧欠乏時の研究に没頭されるとは頭が下がります」[57]と書き記してくるような熱心な読者も獲得していた。

（4）『生活』の休刊

一九八〇年代半ば以降も食と健康を軸とした誌面構成が維持されるが、誌面は長期連載のエッセーが目につくようになり、毎号の執筆陣構成に変化が失われていく。また「健康友の会生友会コーナー」において、寄附金への「お礼」記事が毎号のように出されることになり、ことに協会理事長の佐藤浩司は数十万円の額の寄付を何度もくり返しており、財政事情が極度に悪化していることがうかがい知れる。

そして一九九四年一月に「休刊」が誌面にて発表され、一九九四年三月、雑誌『生活』の五九年と六ヵ月に及ぶ長い歴史に終止符が打たれた。

「生活」誌 休刊に関するお知らせ

謹啓　時下益々ご清祥のこととお慶び申し上げます。

いつも何かとご高配を賜りまして誠に有り難うございます。

さて、本誌「生活」につきましては、常々皆さまの絶大なるご指導、ご支援をいただきつつ、過去度々の難関を乗り越え、なんとか今日まで継続いたしてまいりましたが、残念ながら、昨今の急激な諸情勢の変動により、目下のところ、これ以上の継続は不可能と判断されますので、理事会にて協議の結果、その決議により平成六年三月号をもちまして、当分の間、休刊させていただくことに決定いたしました。

なにとぞ諸情勢ご理解のうえ、ご了承くださいますようお願い申し上げます。

（中略）

敬具

平成六年一月

財団法人　日本生活協会

理事長　佐藤浩司

会員各位殿

（『生活』一九九四年一月、二七頁）

以上、本章では戦後の協会の動向についてラフスケッチを試みた。敗戦直後、運動方針が模索されるなかで、国民に対して運動の回路を開いていく選択肢も協会には存在し、読者との新しい関係構築も試みられた。

しかし、その後協会は急速に運動の世界から手を引いていくことになる。理由として協会の種々のリソースが大規模な運動展開を許さなかった可能性も挙げられる。しかしそれ以上に、敗戦後一〇年、二〇年で生じた社会的、経済的、政治的状況の変化を直視し、生活のエネルギーをそこから汲み取っていこうとする視点が欠如していたことが大きかったと思われる。また生活の運動が功を奏さなかった戦時期を踏まえたうえでの「民衆」への諦念が底流をなしていた。

一九七〇年代半ばでは大幅な運動方針の転換が企図されたが、結局実現せず、『生活』誌を中心に協会の運動は組み立てられていくことになった。食と健康にテーマを絞り込むことにより、その後『生活』は二〇年弱、生き長らえるが、一九九四年休刊することとなった。

1 「日本生活協会略譜」（『生活』一九五五年一〇月、一四―一五頁）。
2 「お知らせ」（『生活』一九四六年一・二月、八頁）。
3 理事長佐藤浩司「新春を迎えて」（『生活』一九七七年一月、三頁）。
4 奥田半亮「協会と共に二十年」（『生活』一九五五年一〇月、三八―四二頁）。
5 「五年以上継続誌友芳名」（『生活』一九五〇年三月、二六―二七頁）。
6 「協会だより 会員復活運動」（『生活』一九四八年一月、三四頁）。
7 「会員各位に急告」（『生活』一九四六年八月号、二一頁）。
8 「協会だより」（『生活』一九四六年三・四月、八頁）。
9 「アメリカの生活に学ぶ（家庭生活の巻）」（『生活』一九四六年五月、一二―一四頁）。
10 その後も、渡辺竹四郎「アメリカの生活に学ぶ」（『生活』一九四七年四・五月、一二―一六頁）といった記事でアメリカを模範として「理智的な愛国心」「労働神聖の信念」「能率的生活の徹底」「公衆道徳の発達」「経済思想の養成」「健康日本の建設」をはからねばならないといった記事はつづく。しかしアメリカ人自身を招いて日本人に理想を語らせる体裁の記事はほとんどみられなくなる。

ただ「生活欄キリヌキ帳」（『生活』一九四六年八月、二四―二五頁）にて、雑誌『太平』から紹介されたエドガー・スノー「日本人の生活は不断の祭典の執行である」は当時のアメリカ人の日本認識として興味深いので以下に引用する。

「日本に民主主義を植付けるためには、男女の同権を実現するためには、私たちは今の生活様式の全体をば、変へねばなりません」とかつて外国で暮したことのある、一人の日本女性が私に言つたことがある。「法律をかへるばかりでなく、ちがつた家を建て、ちがつた衣服を着、食べ物も別の料理の仕方もせねばなりません。民主主義はまづ家庭から始めるべきでせう。」

私は、いま彼女の言葉を信ずる。日本人は文字通り、時間の大部分を畳の上で暮してゐる。中流階級の日本人の家庭といへども、ほとんど家具といふものを持たず、寝台も椅子も暖房装置も、ほんとうの意味での台所も、浴室ももたない。家庭の女性は夜明けから夜おそくまで、これらの不便を補ふために働いてゐる。主人に仕へ、子供年長者の世話をし、要するに家事の切盛といふ、女性に与へられた生涯の仕事をやりとげるため、日本の女は何百万回、何千万回坐つたり、立つたりしなくてはならぬことだらう。

（中略）アメリカでなら三十分の内に仕度できるだけの食事用意に三時間かかる。そのあひだ中、家族の一人が火のそばに附いてゐて、まきがおき火になるのを見張りしてゐる。ちやうど頃合を見て、彼は灰の下にシャベルを押し込み、おき火をすくひ出して、それを今一人の人間に手渡す。その人間は命令といふよりも、むしろ直感で、頃合をはかつては障子をあけて姿をあらはし、受取つたおき火を、家のどこかにあるヒバチの一つに運んで行く。そこでは誰もかれも吹きざらしの床の上で震へてゐるのだ。これは生活ではない、不断の祭典の執行である。

11 「新興生活宣言」（『生活』一九四〇年八月、二七頁）。
12 「原稿をつのる！」（『生活』一九四六年八月、二九頁）。
13 「生活九、十月号目次」（『生活』一九四六年九・一〇月、二頁）。

14 加藤善徳「虹を追う時代―「新興生活」創刊のころ―」(『生活』一九五五年一〇月、二〇―二一頁)。

15 同時に渡辺は欠員状態となっていた常務理事に八月一日から就任している(「協会だより」(『生活』一九四七年九月、三二―三三頁))。

16 「協会だより」(『生活』一九四七年九月、三二―三三頁)。

17 「巻頭言」(『生活』一九四七年九月、三頁)。

18 鈴木芃「戦争に早く負けてよかった」(『生活』一九四七年三月、六―七頁)。

19 「協会だより」(『生活』一九四七年一二月、三四頁)。

20 「こころの泉 ある日の「問題」」(『生活』一九四八年一一月、四―五頁)。

21 二瓶一次「言葉と生活」(『生活』一九四九年四月、四―五頁)。

22 中井正胤「「生活」の回顧と希望」(『生活』一九五五年一〇月、三一―三二頁)。なお一九五五年一〇月時点で編集人は渡部信義に交替しているが、それ以前に寄せられた原稿とみられる。

23 山下信義「新日本は新郷土の建設から」(『生活』一九四八年一二月、四―七頁)。

24 二瓶一次「回顧と憂慮―今年の二月二六日も雪だつた―」(『生活』一九五二年三月、二―六頁)。同「しつかりした見透しと正しい識見を持つべきこと―主として前号の「回顧と憂慮」を受けた自衛力問題について―」(『生活』一九五二年四月、四―八頁)。

25 なお念のため付記すると、二瓶のこの言だけをとって『生活』が保守系雑誌といいきることはできない。戦後も盛んに記事を執筆する岸田軒造は「私の支持する政党」(『生活』一九五八年五月、七―九頁)において、戦前期には社会党、戦後直後は共産党、現在(一九五八年当時)は社会党を支持しつつ、自民党に賛同することが多くなってきたことを記している。また渡部信義が神田駿一として記した「青年の保守化ということ」(『生活』一九六五年六月、二―四頁)でも敗戦後の左翼運動への淡いノスタルジーが語られている。

26 松田忍「第一章 新生活運動協会―一九四〇年代後半~一九六〇年代半ば―」(大門正克編『新生活運動と日本の戦後―敗戦から一九七〇年代―』日本経済評論社、二〇一二年)。

27 松田忍「第一章 新生活運動協会―一九四〇年代後半~一九六〇年代半ば―」(大門正克編『新生活運動と日本の戦後―敗戦から一九七〇年代―』日本経済評論社、二〇一二年)。

28 「日本生活協会略譜」(『生活』一九五五年一〇月、一〇―一八頁)。

29 奥田半亮「協会と共に二十年」(『生活』一九五五年一〇月、三八―四二頁)。

30 「神田スルガ台 本館返還のお知らせ」(『生活』一九五四年一月、表紙裏)

31 三田賀静「新内閣の生活運動を鞭撻達成せしめよ」(『生活』一九五五年二月、四―五頁)。

32 三田賀静「社会時評 新生活運動に就いて 生活統制におちいるな」(『生活』一九五五年一一月、二―三頁)。

33 「現代の結婚風景聞書」(『生活』一九五五年一月、二四―二七頁、四二頁)。

34 なお一九六〇年一〇月以降、林は執筆者から降りている。

35 「老子の道」連載の契機について、編集部は以下のように記している。

「人工衛星などをその最高象徴とする科学技術の発達による生活手段

の向上は実に驚くべきものがあり、そういう意味において人類はかつてない高さに達しているが、では精神面の方はどうかというと、それは技術面の発達に伴わないどころか、かえって妙な低落を示し、方向を見失って低迷する状態にあり、このことはひとりわが国だけのことではなく、否、かえって科学的先進国といわれる欧米に見られる現象で、デンマークなどという最も生活の恵まれた国において世界第一の自殺者を出し、欧米人の中には科学によってもたらされた心の空虚をうずめる世界観を求めて、東洋思想に心をよせるのが一つの傾向となっているようである。

このような意味合いからして、ここに東洋思想の精髄ともいうべき、深甚微妙な世界観を開眼してくれた「老子」の思想について、多年の研究者であり且つその思想の実践者である「人生道場」主宰伊福部隆彦先生の解説と講話を連載することにした。―編集部」（伊福部隆彦「老子の道」（『生活』一九六一年一月、七頁））。

36 三田賀静「社会時評　戦争の爪痕に見る現代世情と平和の希求」（『生活』一九六二年一月、五―六頁）。

37 神田駿一（渡部信義）「青年の保守化ということ」（『生活』一九六五年六月、二―四頁）。

38 鬼嶋淳「生活学校運動」（大門正克編『新生活運動と日本の戦後―敗戦から一九七〇年代―』（日本経済評論社、二〇一二年））。

39 満薗勇「第二章　新生活運動協会―一九六〇年代半ば～一九七〇年代」（大門正克編『新生活運動と日本の戦後―敗戦から一九七〇年代―』（日本経済評論社、二〇一二年））。

40 「推進資料　新生活運動の見方・考え方」（『新生活特進』第一号、一九六一年九月、九―一〇頁）。

41 佐藤浩司「日本生活協会の新なる出発　要望切なる社会福祉への転進」（『生活』一九七四年六月、一頁）。

42 「編集部より」（『生活』一九七四年六月、裏表紙裏）。

43 佐藤浩司「新興生活の原点に帰る」（『生活』一九七四年九月、一頁）。

44 加藤善徳「編集だより」（『生活』一九七四年九月、裏表紙裏）。

45 （財）日本生活協会「編集人の交替について」（『生活』一九七六年一一・一二月、四二頁）。

46 「『健康と長寿』を語る　誤った食生活を見直す、いまこそ反省と自覚を」（『生活』一九七七年八月、八―一四頁）。

47 たとえば川島四郎「食生活の科学　宮沢賢治の詩『玄米四合に少しの野菜』は困る」（『生活』一九七七年二月、八―九頁）など。

48 『生活』一九七八年一一月、四―六頁。

49 「北京原人展を観て　その食物を想う」（『生活』一九八〇年一一月、八―一一頁）。

50 『読売新聞』一九八四年六月二一日、夕刊、一四頁。なお、この時点での日本の平均寿命は男性が七四・一歳、女性が七九・六歳である。

51 川島四郎「人間だけが食物に味をつけて食う―これがやがて子供の虫歯、骨折、成人病その他いろいろの病気につながる―」（『生活』一九八一年一一月、四―七頁）。

52 「東アフリカ―ケニア共和国　原始時代さながらのマサイ族の食生活調査から」（『生活』一九八一年一一月・八―一二頁、同一二月・二四―二六頁、一九八二年一月・一八―二二頁）。

53 第一章第二節や第五章第一節で示したように、伊エ戦争におけるエチオピアの例などはあるが、それは模範としての取り上げられ方ではなかった。

54　「アメリカだより　日本料理が人気に―ニューヨークで―」（『生活』一九七四年二月一日、二二―二四頁）。
55　川島四郎「生活の科学日本の食糧の未来を考えると」（『生活』一九八一年一二月、一一―一三頁）
56　『生活』一九七九年三月、一〇―一二頁。
57　「愛のおたより　読者の広場」（『生活』一九七八年一二月、三〇頁）。

おわりに

設立時の生活館には、同志的結合によりお互いの生活課題を解決しあうことを重視する路線と、「ほんとうの生活」を人びとに指導する路線が併存していた。しかし一九三七年の日中戦争の勃発および生活の困窮のなかで、前者を代表する農村部や山下信義は生活館の運動から外れることとなった。

一九三九年の生活館改革は、運動としては「成功」であったといえる。なぜならば、人びとの間に生じた問い、すなわち時局下にいかに生きるべきかに対して明確な解答を与えることにより、運動の急速な拡大と組織化に成功したからである。その過程で、運動の担い手は農村および都市の成年男性から、都市の男女国民へと大きく変化した。

その意味において日中戦争の勃発はまさしく生活館の運動にとっての「好機」であったといえる。食糧事情の悪化を目の前にして、「政府はいよ〳〵白米禁止の法令を制定することゝなつた。実に欣快に堪へぬ」と叫ぶ彼らの姿（第二章第三節）は驚きでもあった。

ところで一九五五年に発足した新生活運動協会の事務局長を一九六一年から一九六六年までつとめ、戦後の新生活運動をリードした安積得也という人物がいる[1]。安積が栃木県知事を勤めた時期の日記に以下のような記述がある。文中、「成瀬」は東北大学教授であり歯車工学の権威、成瀬政男である。

> 成瀬氏は「世界大戦終了後、世界の技術の蓋を開けて見たら日本の歯車の技術だけは遥かに世界の水準を抜いて居た、といふ様にありたい、と弟子を励ましたり」と語れり。
> 予は世界大戦終了後世界の精神界の蓋を開けて見たら日本の思想及び教育が世界の水準を遥かに抜いて居るを発見したと云ふ様にありたい、と教育部隊を励ましたし。[2]

敗色が濃厚になり始めた一九四四年の記述であり、しかも戦時体制を支える県知事という重職にありながらもなお、安積の眼は、世界大戦を利用して、「日本の思想及び教育」を進展させることに向いていた。こうした発想はまた、雑誌「生活」にも色濃くみられるものであった。

戦時期においても、生活館（大日本生活協会）における生活課題の設定、生活の現場における確実な課題の実行、すなわち岸田軒造が主導する路線が誌面を覆い尽くしたわけではない。しかし戦時下の人びとを統制・指導することを目指したこの記憶は戦後の協会の活動を困難にしたであろう。

新生活運動協会との比較で考えると、新生活運動協会設立時の議論において、中央団体はあくまでも運動の「お手伝い」機関と位置づけられ、都道府県、市町村もしくは地域、職域に支部を設ける規定も排除された。また生活課題の設定は中央組織でおこなわず、生活の現場にて「話し合い」によって見出し解決されることが目指された。これは生活館（大日本生活協会）をも含む、戦時期の生活運動への痛烈な反省がもとになっているといえる。

日本生活協会は、戦後すぐ人びとの生活不安を源泉とするエネルギーを、人びとに寄り添う形で組織化しようとする動きをみせる。しかしその動きは継続しなかった。

第五章第三節で取り上げた史料を再度引用する。

> 大衆というものは、思想や政治などに、直接関心を持つものではない。ただ毎日目の前の仕事を積み重ねて生活を追っている。《ママ》だけである〔。〕だから物資が窮迫して左翼的行動をした方が得だということが直接実感された時には左翼化もするが、そんな必要がなくなれば目の前の生活に関心をもつだけで、廻り廻ってそうなるというような政治などというものには、そう関心を持たないのが本来である。[3]

生活運動とは、「ただ毎日目の前の仕事を積み重ねて生活を追っている」人びとの生活の中にこそ課題を発見し、目に見える形で指し示すことで立ち上がる運動であった。その試みを放棄した協会は以後、生活の運動を立ち上げることはなかった。

1　安積は雑誌『生活』にもしばしば詩を寄稿している。

2　「安積得也日記」一九四四年九月九日（「第一號 栃木県陣中口授日記」（「安積得也関係文書」五〇一―七六））。

3　神田駿一（渡部信義）「青年の保守化ということ」（『生活』一九六五年六月、二一―四頁）。

あとがき

二〇一四年三月、「他分野の人にも分かりやすく、研究を紹介する本をブックレットに書かないか」とのありがたいお話を昭和女子大学近代文化研究所よりいただいた。その段階では、生活運動に関する先行研究を整理・紹介し、今後の研究課題を展望するような内容の本を書こうと思っていた。しかし、五月に偶然古書店で『生活』八三冊のセット販売と出会ったことがきっかけでこの本は生まれた。八三冊とはいえ、刊行された雑誌のほんの一部でしかなく、しかも刊行年はバラバラであったので、その後も欠号を買いそろえ、さらに図書館で補い、雑誌の全貌が徐々に明らかになっていった。

長く刊行された雑誌に一気に触れ得たことは貴重な経験であり、紙の質、表紙デザイン、ページ数などをみるだけで、六〇年間にわたる雑誌『生活』の栄枯盛衰がありありと感じられた。史料の「モノとしての迫力」に背中を押され、「モノが語る声」を忠実に描きたい思いに駆られ、本書のテーマを選んだ。

それからは時間との戦いであった。新興生活運動が描く家族像の分析などが今後の課題として持ち越され、また戦後の『生活』分析が「ラフスケッチ」にとどまったことには若干の後悔もある。しかし史料と出会った時期と研究発表する媒体を得る時期がマッチしたことは望外の幸運であった。元来怠惰な筆者である。こうした機会がなければ『生活』の研究を短期間にまとめることは難しかったであろう。結果的にオファーとはかけ離れた地味な基礎研究へと仕上がったことについてはご寛恕願うほかない。

二〇一四年度後期に昭和女子大学にて筆者が開講した日本近現代史特論に出席してくれた学生諸君との議論の成果が本書の至るところに組み込まれている。

『生活』の原本および図書館から入手したコピー、あわせて約二〇〇冊を教室のテーブルに並べ、「面白いと思う記事を紹介しあう研究報告をしよう」という、いささか荒っぽい授業ではあったが、鋭い着眼点をもって様々な指摘をしてくれた。そのなかには「生活が楽しくなくちゃ戦争に勝てないって書いてありますよ」とか「戦時期の女性の美しさは外見ではなく肉体美が大事なんですねぇ」、あるいは「男女関係の分析を比べると、戦前の方が戦後よりもリベラルな気がします。書いている人が違うからですかね。とても意外です」などは本書に充分に取り込みえなかった論点である。

ただ「この雑誌は面白いですよ」「切り口がたくさんありますよ」などの声は執筆に向かう一番苦しい時期の筆者にとって、またとない励ましの声となった。名前を記すことで謝意を伝えたい。安齊真優、石井麻里加、石川マリコ、岡村桃子、加藤初羅、強瀬かおり、齋藤舞希、佐藤恵、須田香穂、宗雲詩織、長島聖月、二宮彩香、保坂愛、松本育実、森永絢子（五〇音順、敬称略）。

最後になったが、『生活』に関わった人物とのつながりの深い藤尾正人氏には聞き取り調査でお世話になった。また加藤善徳のご息女和子氏は電話での聞き取りに応じてくださった。ここに感謝申し上げる。

（付記）本研究はJSPS科研費25770242の助成を受けておこなわれた。

近代文化研究叢書刊行に当たって

昭和女子大学の近代文化研究所は，近代文学研究叢書全77冊の刊行を終えて平成14年に，ひとまず幕を閉じることになりました。しかし，それまでの近代文化研究所は，近代文学に関する研究と，その成果の叢書の刊行に重点がおかれ，事業の大部分は，文化の一半を担う事物の研究には及びませんでした。そこで，近代文化研究所を，文化全般を対象とした新しい研究所として，その名もそのままに，再出発することにいたしました。再出発した新しい近代文化研究所の扱う範囲は，事物だけでなく，文芸にも及ぶ予定ですが，さしあたっての事業として，事物について，具体的に物を挙げての研究を助成し，その成果を近代文化研究叢書として刊行していくことにいたします。この叢書は，一定の形式を設けていたかつての近代文学研究叢書のような体裁の叢書ではなく，読み物から研究書まで，内容は多岐に亘ります。研究の基本姿勢としては，根拠となる原典を尊重し，資料的な価値は保ちたいと考えます。

この叢書が，近代化によってもたらされたもの，消えていったもの，形を変えたものなど，伝統文化と新しい文化の双方の観点から，近代文化を記録し，考える縁となることを希望します。

2005年３月14日　　　　　　　　　　　　　　　平井　聖

ブックレット　近代文化研究叢書　11
雑誌『生活』の六〇年
―佐藤新興生活館から日本生活協会へ―

2015年３月31日　初版発行
2016年４月１日　２刷発行
定価　本体800円+税

著　者　松田　忍　
発行人　松本　孝
発行所　昭和女子大学　近代文化研究所
〒154-8533　東京都世田谷区太子堂１－７－57
Tel.　03-3411-5300　Fax.　03-3411-4520
振替　00170-9-299734
印刷・製本　勝田印刷　Printed in Japan

ISBN978-4-7862-0310-7 C0336 ¥800E